Ernest SONA

# LA

# GRANDE RÉFORME

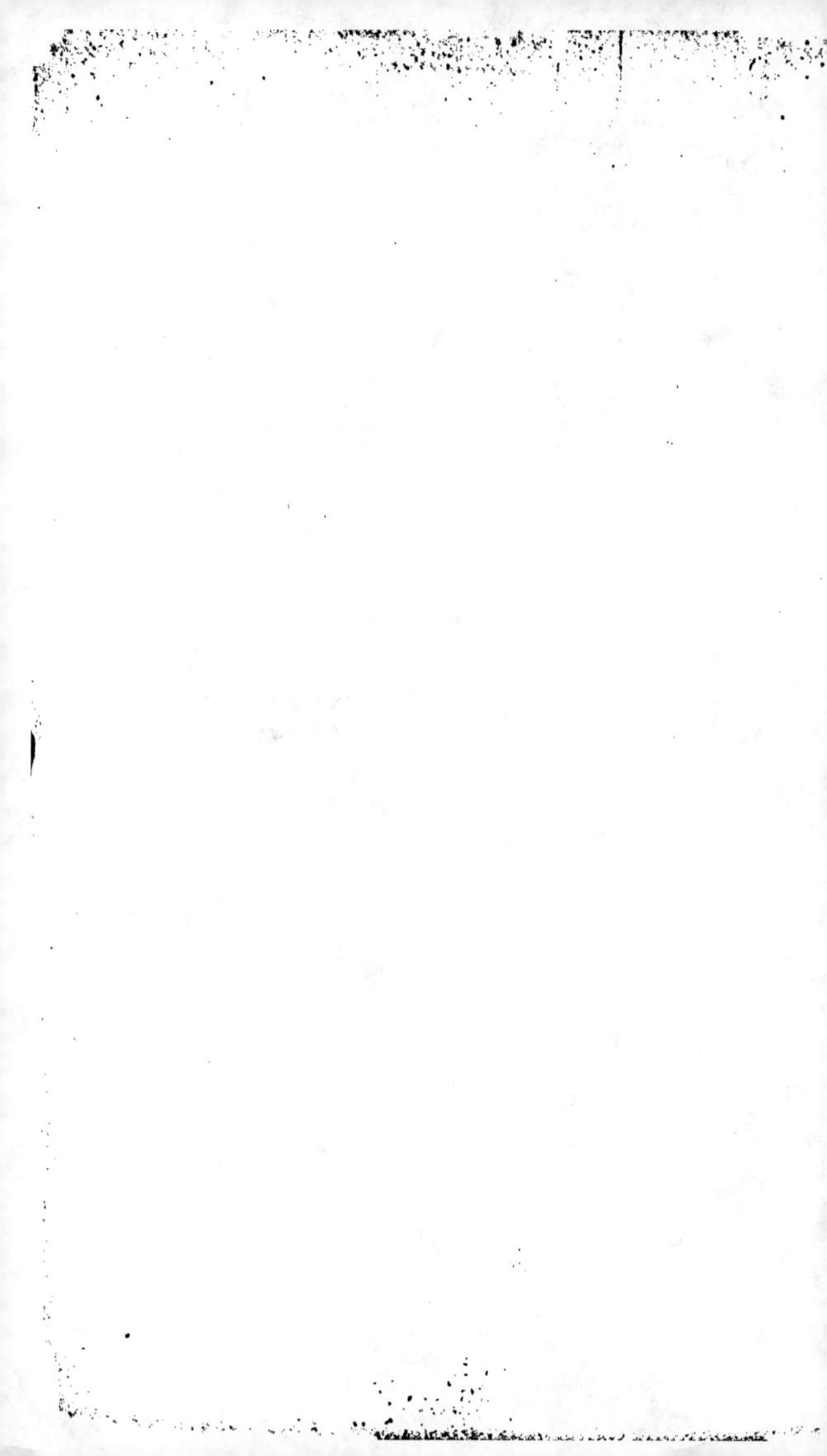

*Hommage de l'auteur*

*Ernest Sona*

*Paris, le 28-4-917*

# LA

# GRANDE RÉFORME

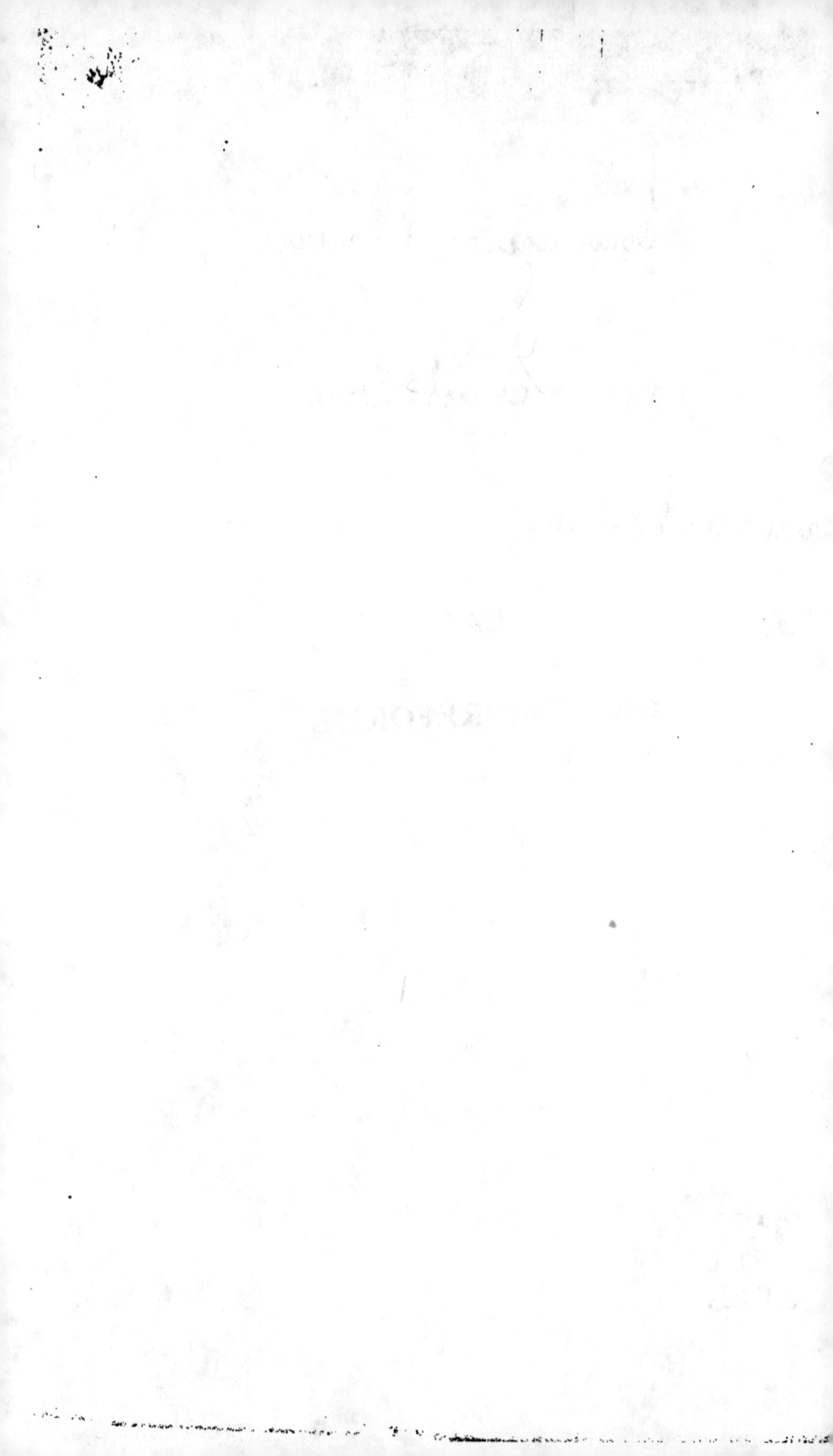

# PRÉFACE

----

ANS ces moments d'angoisse générale, où tous les principes
de liberté, de droit et de justice se trouvent si gravement
menacés par le militarisme allemand, tout le monde
indistinctement, a le devoir de défendre ces principes foncièrement
démocratiques qui constituent le seul progrès réel et tangible de
l'humanité.

Toute personne de bon sens doit admettre que le bonheur et le
progrès d'un peuple aussi bien que de l'humanité entière ne consistent point dans le bien-être et dans la supériorité d'une caste ou
d'une petite minorité aristocratique, mais dans le bonheur et le progrès du plus grand nombre.

Or, les principes démocratiques qui permettent de réaliser graduellement l'élévation morale et matérielle de tous les individus
indistinctement, représentent sans aucun doute le plus grand progrès réalisable par l'humanité.

Pouvons-nous, un seul instant, permettre que ces principes régénérateurs puissent être violés, proscrits par un nouveau despotisme
militaire qui prétend écraser les libertés, les droits acquis par les
peuples et les individus ?

Non, cela n'est pas admissible et le monde entier doit combattre
le militarisme allemand jusqu'à son complet anéantissement.

Quoique simple voyageur de commerce qui n'a jamais été mêlé à aucun mouvement politique mais qui a voyagé beaucoup, observé, étudié, et surtout qui est animé d'un amour profond pour tous ses semblables indistinctement, je me permets d'apporter mon humble concours à l'œuvre de délivrance commune dans le désir de coopérer à l'écrasement définitif du militarisme allemand.

P.-S. — De nationalité italienne, et par conséquent peu familiarisé avec les nuances et les délicatesses de la langue française, je fais appel à toute la bienveillante indulgence de mes lecteurs.

# INTRODUCTION

Dès le début des hostilités, et après avoir pris connais-sance des différentes versions officielles sur les origines de la guerre, j'ai de suite compris que les motifs d'ordre politique n'avaient pas pu à eux seuls provoquer la terrible conflagration actuelle.

L'assassinat d'un prince n'était pas un événement assez grave pour expliquer l'attitude brutale de l'Autriche envers la Serbie ; attitude qui devait nécessai-rement amener une conflagration générale.

Le motif initial n'était point proportionné à l'énorme responsabilité que les Empires du centre assumaient en provoquant cette terrible catastrophe.

Et ce qui a fortifié ma conviction ce fut l'assentiment unanime du peuple allemand à l'attitude agressive et brutale du gouvernement impérial.

Le peuple allemand, au lieu de protester contre cette attitude qui aurait pu compromettre les magnifiques progrès d'ordre industriel et commercial réalisés avec tant de peine et de sacrifices, l'a au contraire complè-tement approuvée.

Cette complicité inexplicable frappa mon attention,

et ma pensée s'est portée instinctivement sur la question économique.

En ma qualité de voyageur international de commerce, j'avais pu assister aux terribles crises commerciales des dernières années d'avant la guerre.

Or, ces crises devaient nécessairement affecter sérieusement l'industrie et le commerce allemands qui détenaient les 2/3 du commerce international d'exportation.

La lumière se fit soudainement dans mon esprit et la complicité du peuple allemand dans l'attitude agressive du gouvernement impérial trouva son explication logique dans les conditions précaires de l'industrie et du commerce allemands à la suite des dernières crises commerciales internationales.

La guerre devenait indispensable pour éviter une catastrophe économique qui aurait fait perdre à l'Allemagne sa suprématie économique, militaire et politique.

Les négociants, les industriels et le peuple tout entier, devant la perspective d'une ruine inévitable et absolument irréparable, se lançaient aveuglément dans cette tragique aventure.

Pour l'Allemagne, la guerre était une nécessité inéluctable et les faits d'ordre politique qui ont provoqué cette immense conflagration nous prouvent à l'évidence que l'Allemagne non seulement n'a rien fait pour éviter la guerre, mais elle a fait au contraire tout son possible pour la rendre inévitable.

L'ultimatum, inacceptable pour la dignité d'un peuple, envoyé par l'Autriche à la Serbie indique clairement le parti pris de déchaîner cette guerre.

Par cet ultimatum monstrueux et outrageant on a voulu frapper au cœur, humilier la Russie qui s'était érigée en protectrice de la race slave et cela dans l'intention bien déterminée de provoquer la Russie et déchaîner ainsi la guerre.

L'Allemagne a été l'inspiratrice de la conduite agressive de l'Autriche et la preuve nous l'avons dans l'ultimatum intempestif adressé par elle à la Russie.

Par cet ultimatum, l'Allemagne a voulu interrompre les pourparlers engagés entre la Russie et l'Autriche pour régler le conflit austro-serbe ; et cela dans la crainte que la guerre pourrait être évitée.

Si nous ajoutons les mensonges dont l'Allemagne s'est servie pour déclarer la guerre à la France, nous aurons la preuve lumineuse que l'Allemagne voulait absolument la guerre, guerre qui devait la sauver d'une débâcle économique.

Et les événements politiques ne furent que des prétextes futiles destinés à masquer les vrais motifs d'ordre économique qui ont imposé à l'Allemagne son attitude agressive.

Aussitôt que je me suis fait une opinion exacte sur les origines de la guerre, l'idée m'est venue de faire partager ma façon de penser au public.

A cet effet, j'ai fait la reconstitution historique de l'évolution du commerce international depuis l'expansion allemande et cette étude nous dira que l'origine de cette guerre est l'abus du crédit.

Pour alléger mon œuvre, j'ai placé cette étude sur l'évolution du commerce international à la fin de ce livre.

Je débuterai par un exposé sommaire et suggestif des origines économiques de la guerre et j'irai tout droit à la grande réforme

# Les Origines économiques de la Guerre.

Quelle est l'origine exacte de la guerre ?

Nous venons de le dire à la fin du chapitre précédent : l'abus des longs crédits, et il nous sera facile de le prouver.

Avec l'appui indispensable des banques, les Allemands se sont emparés du commerce international d'exportation en accordant de grandes facilités de payement aux négociants.

Ils offraient de 6 à 12 mois de crédit et avec toutes les facilités pour renouveler, ce qui prolongeait presque indéfiniment le crédit.

Ces grandes facilités de payement permettaient aux négociants de travailler avec le capital de leurs fournisseurs, car, dans les 6 à 12 mois de délai, ils avaient la probabilité de vendre entièrement les marchandises achetées à crédit.

Ils pouvaient ainsi embrasser beaucoup d'affaires et s'enrichir rapidement sans risquer leur argent ; il y avait même la possibilité de travailler et de s'enrichir sans aucun capital ; il suffisait simplement d'avoir un peu d'aplomb.

Dans ces conditions, il est tout à fait naturel que les négociants des pays importateurs aient abandonné leurs anciens fournisseurs anglo-français plutôt tyranniques dans les crédits, pour se livrer entièrement aux nouveaux arrivés bien plus larges.

Cette victoire facile sur les marchés d'exportation a permis aux Allemands de s'enrichir prodigieusement, de s'armer jusqu'aux dents, de se griser d'orgueil et de rêver à la domination du monde entier.

Mais leur système erroné de crédit, en même temps qu'il forgeait rapidement leur puissance économique et politique, il préparait leur future déchéance.

On ne viole pas impunément les règles traditionnelles du commerce qui représentent l'effort moral plusieurs fois séculaire de la sagesse humaine.

Le système des longs crédits produit les plus graves inconvénients, il accule le négociant à la faillite, fomente la concurrence, force la consommation et la production, provoque des crises terribles dans les affaires.

Ces crises paralyseront les industries de la nation qui aura eu l'imprudence de se servir de ce détestable système de crédit pour pousser les peuples à la dépense et s'enrichir.

La paralysie des industries produira des troubles tellement graves à l'intérieur de cette nation que celle-ci, devant la menace d'une ruine colossale et absolument irrémédiable, se verra dans l'inéctable nécessité de déclarer la guerre pour éviter la catastrophe.

Voilà à quelles conséquences tragiques nous amènent les longs crédits. A présent nous allons donner une explication sommaire mais suggestive sur la succession des conséquences que nous venons d'énoncer.

Comme nous avons déjà dit, le système des longs crédits permet aux négociants de travailler avec le capital de leurs fournisseurs et d'embrasser beaucoup d'affaires sans risquer leur argent.

Dans ces conditions, le négociant deviendra facilement imprudent, audacieux, téméraire ; il se lancera dans des opérations hasardeuses et en cas de fracas tant pis pour les fournisseurs.

Aussi, depuis le régime des longs crédits, le nombre des faillites, concordats et pertes de toutes sortes a pris des proportions tout à fait scandaleuses.

Mais ces faillites ne sont que des incidents ayant sans aucun doute une très grande valeur morale, mais qui ne pourraient pas affecter sérieusement le cours général des affaires.

Ce qui poussera presque tous les négociants à la faillite et qui provoquera des désordres terribles dans la consommation et dans la production, c'est la concurrence énorme engendrée par les facilités de payement.

Ces facilités de payement permettront aux négociants d'étendre indéfiniment leur chiffre d'affaires, selon leur habileté et le plus souvent selon leur audace, leur témérité ; des nouveaux négociants pourront facilement s'établir.

Dans ces conditions la concurrence prendra des proportions colossales, et il arrivera fatalement le moment qu'il deviendra absolument impossible de placer une exubérance de production sur des marchés littéralement encombrés et chez des clients devenus en grande partie insolvables.

Il s'ensuivra fatalement une gêne, un malaise dans les affaires et voilà l'explication des crises terribles qui ont sévi dans le commerce international d'exportation les dernières années d'avant la guerre.

A la suite de cette paralysie générale des affaires, la foule de négociants qui vivaient à crédit se trouvera dans l'impossibilité de faire face à ses engagements.

Les concordats et les faillites se produiront dans des proportions alarmantes.

Les banques, encombrées d'effets non recouvrables, seront obligées de restreindre et même de refuser le crédit au gros commerce.

La restriction du crédit provoquera fatalement la débâcle générale, car personne ne pourra plus se soutenir et tout cet édifice qui s'appuyait sur le crédit, c'est-à-dire sur le vide; s'effondrera comme un château de cartes ; et naturellement les faillites prendront des proportions fantastiques.

Ce phénomène s'est vérifié peu de mois avant la guerre dans l'Amérique du Sud où l'on avait le plus abusé des longs crédits, mais, à brève échéance, il se serait fatalement produit dans tous les autres pays importateurs dominés par le commerce allemand,

L'Allemagne n'a pas attendu que cela arrive ; elle a préféré la guerre à la faillite générale.

A la suite de ces avalanches de faillites qui se produisaient et s'annonçaient de tous les côtés, les Allemands, qui détenaient les 2/3 du commerce international d'exportation et consentaient des crédits imprudents, devaient nécessairement expérimenter des pertes fabuleuses.

Cependant ils auraient peut-être pu faire face à ces pertes grâce aux immenses richesses qu'ils avaient accumulées auparavant par leur détestable système de crédit.

Mais ce qui devenait absolument irréparable et terrifiant pour eux c'était la paralysie de leurs industries à la suite de cette crise générale des affaires ; crise qui devait nécessairement s'aggraver toujours plus par la débâcle inévitable du commerce dans tous les pays importateurs soumis à l'influence allemande.

Dans un pays comme l'Allemagne, où l'industrie avait pris un développement gigantesque, une crise aussi formidable dans la production devait nécessairement provoquer des troubles excessivement graves et irrémédiables.

On aurait dû limiter, même suspendre la fabrication ; renvoyer les ouvriers, les employés.

C'était la ruine des petits industriels, du commerce intérieur, la misère générale.

Les contribuables se seraient trouvés dans l'impossibilité de payer les impôts, de soutenir le budget de guerre.

Des troubles graves auraient inévitablement éclaté à l'intérieur de l'empire, troubles qui pouvaient même compromettre l'existence de la couronne.

Il aurait fallu renoncer aux beaux rêves d'hégémonie économique, militaire, politique dont on s'était nourri pendant un demi-siècle.

Devant un désastre aussi colossal et absolument inévitable qui s'annonçait à l'horizon, la guerre devenait la seule ancre de salut.

En Allemagne tout le monde avait la conscience exacte de cette situation pleine de menaces et de dangers, et voilà pourquoi toute la nation a été si unanime dans l'attaque, et voilà pourquoi actuellement elle est si unie dans la résistance.

Les autres nations exportatrices ont été bien moins affectées par la crise générale des affaires d'avant la guerre, d'abord parce que leur chiffre d'affaires était bien plus limité, ensuite parce qu'elles étaient plus prudentes d ns les crédits.

Nous pouvons même affirmer que dans les derniers temps le système des longs crédits a favorisé le commerce d'exportations des autres pays industriels.

La grande quantité de négociants audacieux qui vivaient du crédit accordé si généreusement par les Allemands étaient obligés, pour soutenir la concurrence, d'acheter une certaine quantité de produits des autres nations, produits plus artistiques et même plus avantageux.

Or il arrivait que ces négociants audacieux laissaient s'accumuler leurs dettes vis-à-vis des Allemands en prorogeant constamment les délais de payement et payaient au contraire régulièrement les marchandises achetées aux autres nations ; de sorte que les Allemands payaient les dettes de leurs propres clients et faisaient prospérer le commerce de leurs concurrents !

Et quand arrivait le concordat ou la faillite inévitable, les Allemands entraient pour les 3/4 dans les pertes et les autres nations pour le restant.

Je suis persuadé d'avoir démontré d'une façon claire et évidente que l'origine réelle de cette guerre a été l'abus des longs crédits.

Si nous désirons éviter dans l'avenir les calamités qui nous affligent actuellement, il faudrait absolument extirper l'abus des longs crédits de nos mœurs commerciales.

Or, nous sommes convaincus qu'il est absolument impossible d'éliminer l'abus des longs crédits, car il est déjà trop profondément enraciné dans les habitudes du commerce international et ensuite chacun est libre de disposer de son avoir comme bon lui semble, même de faire cadeau de son argent, de ses marchandises et rien ne pourrait l'empêcher.

Des lois internationales restrictives sur le crédit seraient absolument inefficaces ; d'ailleurs l'Allemagne n'accepterait jamais des lois destinées à modérer ses appétits voraces et, si elle les acceptait, ses commerçants seraient les premiers à les violer.

Après la cessation des hostilités la lutte commerciale deviendra plus acharnée que jamais, et aussitôt que la normalité dans la production se sera rétablie, le crédit jouera un rôle prépondérant et nous tomberons fatalement dans les mêmes excès, dans les mêmes abus, dans les mêmes inconvénients qui rendront une nouvelle guerre inévitable.

Devant l'impossibilité de supprimer l'abus de crédit, la certitude d'une guerre encore plus épouvantable plane sur l'avenir.

Il faut donc à tout prix trouver une solution.

Et comment pouvons-nous supprimer l'abus des longs crédits du moment qu'il est impossible d'appliquer des lois internationales restrictives sur le crédit ?

Nous y parviendrons par une grande réforme sociale.

# La réforme.

L'Allemagne s'est servie des longs crédits pour pousser les peuples à la dépense et s'enrichir ; mais si nous nous donnons la peine de réfléchir sur les agents qui poussent les peuples à la dépense, il nous sera facile de découvrir qu'il y a un autre facteur bien plus puissant que le crédit qui pousse en premier lieu à la dépense, et ce facteur est la variabilité de la mode.

C'est la variabilité de la mode qui excite la cupidité des hommes et les pousse à la dépense et l'abus de crédit est un mal qui est venu se greffer tout naturellement sur la mode.

La variabilité de la mode nous impose l'**obligation** de dépenser, de figurer, de faire du superflu, c'est-à-dire du luxe, et l'abus de crédit a pu prendre forme et consistance grâce à ce besoin effréné de superflu; besoin qui est encore puissamment alimenté par le désir de ceux d'en bas d'égaler ceux d'en haut.

Les principes démocratiques proclamés par la Grande Révolution ont ancré dans la conscience des peuples des idées d'égalité et naturellement les déshérités de la terre cherchent à égaler les gens fortunés ; or l'abus de crédit a permis de réaliser dans une certaine mesure cette noble aspiration et voilà comment il a pu si facilement pénétrer dans nos mœurs.

La mode qui nous oblige à varier constamment la forme de nos vêtements représente la réaction contre les principes démocratiques, car les riches seulement peuvent suivre les caprices coûteux de la mode et distancer ainsi systématiquement les humbles.

Par contre, l'abus de crédit représente la réaction contre les tendances despotiques de la bourgeoisie car il permet à ceux d'en bas de rivaliser avec ceux d'en haut même sans en avoir les moyens.

Malheureusement l'abus de crédit provoque de si graves inconvénients qu'il faut absolument l'extirper de nos mœurs ; et nous y parviendrons en éliminant la cause première qui l'a engendré : la variabilité de la mode.

Voilà notre grande réforme : La fixation de la mode ou la militarisation de l'habillement civil.

La fixation de la mode n'a point la prétention d'éliminer le luxe ; elle veut tout simplement supprimer **l'obligation** de faire du superflu, car cette obligation engendre la plus terrible et la plus tragique des conséquences : **l'extermination de l'humanité**.

Le riche s'habillera toujours luxueusement et le pauvre modestement ; mais la forme du vêtement sera invariable.

Il y aura plusieurs types de vêtements : de travail, de promenade, de sport, de soirée ; mais la forme de ces vêtements sera fixée et réglée par la Nation.

L'habillement civil sera soumis à la même discipline que le vêtement militaire et personne n'aura plus le loisir de modifier la forme des vêtements imposée par l'État.

L'uniformité de vêtement étant une mesure de défense collective, des peines excessivement sévères seront infligées à ceux qui oseraient enfreindre les lois sur l'habillement.

Par cette grande innovation, nous militarisons dans une certaine mesure toute la Nation ; nous mettons un frein à l'ostentation, au luxe, à la dépense et nous disciplinons, nous moralisons en même temps les mœurs.

Par cette sage réforme, nous modérons la cupidité humaine et l'abus de crédit disparaîtra tout aussi naturellement qu'il s'est établi.

Notre réforme nous délivrera de **l'obligation tyrannique** de suivre les caprices coûteux de la mode et, dans ces conditions, personne ne sentira plus la nécessité ni de faire du crédit, ni d'en profiter.

Comme conséquence directe il n'y aura plus de désordres dans la consommation et dans la production et les guerres deviendront impossibles.

Notre réforme constitue une mesure de défense extérieure pour toutes les puissances indistinctement.

Cette sage réforme empêchera que certaines nations plus favorisées par leurs conditions intérieures puissent s'enrichir en poussant les peuples à la dépense, se griser d'orgueil, concevoir des idées de domination, s'armer à outrance et menacer l'existence des autres nations.

Notre réforme met un frein tout-puissant à la cupidité humaine et toute ambition effrénée de richesse et de domination ne pourra plus prendre forme et consistance ni chez les particuliers, ni chez les nations.

La réforme sur l'habillement est aussi une mesure de défense intérieure pour toutes les nations indistinctement car elle modère, enraye l'ostentation du luxe ; elle évite ainsi la décomposition intérieure de tous les peuples.

La civilisation grecque, la romaine et bien d'autres ont succombé au faste, au luxe et à la mollesse ; n'oublions point les leçons du passé et prenons les dispositions opportunes pour éviter notre décadence.

Mais si notre réforme représente une mesure de défense intérieure et extérieure pour toutes les nations indistinctement, elle constitue une question de vie ou de mort pour l'Angleterre et pour la France à être ou à ne pas être appliquée et cela parce que ces deux nations sont les plus exposées aux convoitises et aux attaques perfides de l'Allemagne à cause de leurs richesses et de leurs vastes et fertiles colonies.

A présent nous allons examiner notre réforme au point de vue militaire, économique, social et moral.

# La réforme au point de vue militaire.

Notre réforme sur l'habillement est la seule mesure défensive susceptible de nous délivrer pour toujours du péril allemand.

Quelle est la condition essentielle pour mettre l'Allemagne dans l'impossibilité de renouveler son attentat criminel ?

Affaiblir sa puissance militaire et augmenter la nôtre. Qu'est-ce qui donne la suprématie militaire à l'Allemagne ?

Sa supériorité dans les industries de la métallurgie et de la construction en général.

On a considérablement exagéré l'esprit d'organisation et de préparation de l'Allemagne.

Le plus élémentaire bon sens nous fait facilement comprendre que l'Allemagne ne pouvait pas être ni organisée, ni préparée pour une guerre aussi longue ; dans cette guerre elle n'a fait que profiter d'une situation industrielle favorable.

L'Allemagne s'est trouvée avec un réservoir immense de machines, d'habiles ouvriers mécaniciens, d'ingénieurs, de techniciens de toutes les catégories qui ont pu être employés efficacement à la production du matériel belliqueux ; et voilà le secret de sa résistance et de sa force combative qui la rendent si redoutable.

Nous en aurions fait autant si nous nous étions trouvés dans les mêmes conditions heureuses ; tandis que nous avons dû créer presque tout.

Or, malgré toute notre bonne volonté on n'improvise point des établissements métallurgiques, de même qu'on ne forme pas du jour au lendemain des ingénieurs, de bons ouvriers mécaniciens, des chimistes, etc., etc. ; il faut des années et des années.

Que serions-nous devenus sans l'aide industrielle de l'Amérique, du Japon, etc., etc. ?

Il y a longtemps que nous aurions dû déposer les armes.

Il est donc absolument indispensable de ravir à l'Allemagne la supériorité dans les industries de la métallurgie et de la construction en général si nous désirons acquérir la suprématie militaire.

Pouvons-nous atteindre ce résultat ? Oui, en opérant une grande transformation dans notre industrie.

Au lieu de nous appliquer trop particulièrement à la fabrication du superflu, du luxe, il faudra improviser des industries qui puissent nous défendre efficacement en cas de guerre.

Les industries de luxe représentent la faiblesse par rapport aux industries de la mécanique, de la construction ; elles ne servent à rien en temps de guerre; au contraire, elles sont nuisibles parce qu'elles nous privent de la collaboration précieuse d'un certain nombre de bras et d'intelligences qui pourraient s'employer à la défense nationale.

Est-il possible de restreindre le nombre des industries de luxe et d'augmenter celui de la métallurgie et de la construction ?

Notre réforme sur l'habillement nous donnera les moyens pour opérer cette grande transformation.

La fixation de la mode réduira considérablement le développement des industries de l'habillement et les bras qui se trouveront disponibles pourront être déversés en partie dans les autres industries pour remplir les vides produits par la guerre et le restant servira pour créer les industries qui nous donneront la suprématie militaire en cas de guerre.

# La réforme au point de vue économique.

Il est tout à fait évident que si nous désirons affaiblir le militarisme allemand, nous devons empêcher que l'Allemagne puisse refaire sa puissance économique, s'enrichir excessivement et entretenir des budgets de guerre exorbitants.

Notre suprême intérêt nous conseille de ruiner l'Allemagne économiquement si nous voulons éviter qu'elle puisse nous attaquer avec des forces prépondérantes et nous écraser complètement dans l'avenir.

Nul n'ignore que la moitié des exportations allemandes allait à l'Angleterre et à la France sans compter les autres alliés.

Où est-ce que l'Allemagne exportait ses produits de la métallurgie, de l'électricité, de la chimie et spécialement ses machines agricoles ?

En Russie et dans les colonies anglo-françaises.

Si nous sommes capables de fabriquer nous-mêmes les produits que nous retirions auparavant de l'Allemagne, nous la ruinons économiquement et nous affaiblirons en même temps sa puissance militaire.

Cela est de toute évidence.

Pouvons-nous atteindre ce résultat ?

Notre réforme nous en donnera les moyens.

Nous avons vu au chapitre précédent que la réforme sur l'habillement nous permet de créer de nouvelles industries ; celles-ci non seulement nous défendront efficacement en cas de guerre, mais elles nous émanciperont en même temps des produits allemands.

Notre réforme a donc deux côtés défensifs : militaire et économique.

La fixation de la mode est la seule mesure capable de nous défendre efficacement contre le militarisme allemand.

Toutes les mesures d'ordre économique que l'on voudrait prendre contre l'Allemagne pour l'empêcher de refaire rapidement sa puissance économique et militaire seront complètement inefficaces et il est facile de le prouver.

Avant la guerre nous retirions de l'Allemagne plus que la moitié de ses exportations.

Si à présent nous considérons les immenses dégâts causés par l'invasion, nous devons admettre qu'il nous sera absolument impossible de nous émanciper des produits allemands après la guerre.

Nous en aurons au contraire une bien plus grande nécessité, car l'Allemagne est la seule nation industrielle capable de réparer rapidement les blessures par elle-même produites et de satisfaire à tous nos besoins.

Cela est tellement clair et évident qu'on ne peut admettre aucune discussion.

Les Allemands le savent parfaitement, aussi ils se moquent de toutes les mesures d'ordre économique que l'on voudrait prendre à leur égard.

Avant la guerre, ils ont su se rendre indispensables et, avec tous les dégâts qu'ils ont causés, ils le seront bien davantage après.

Aussi leur prospérité est d'ores et déjà assurée et c'est pour ce motif qu'ils ont toujours été si empressés de faire la paix après avoir manqué leur coup initial.

Ils pensent prendre une revanche éclatante dans quelques années : mais cette fois-ci avec des forces tellement prépondérantes qu'ils pourront assurer définitivement leur triomphe et notre esclavage.

Une paix qui laisserait subsister le militarisme allemand constituerait pour eux une victoire éclatante et pour nous la mort.

Cette guerre favorisera complètement l'expansion allemande et rien ne pourra l'éviter en dehors de notre réforme.

Après la guerre, toutes les ressources des pays alliés devront s'appliquer à la réparation des immenses dégâts causés par l'invasion et dans ces conditions les Allemands resteront maîtres absolus du commerce d'exportation chez les neutres.

La guerre et les crises économiques antérieures auront appauvri, ruiné tout le monde et la vente des articles de luxe sera bien plus pénible, bien plus limitée.

L'Angleterre et la France, qui s'étaient spécialisées dans la production de ces articles, se trouveront très endommagées tandis que l'Allemagne, qui produit l'article courant, sera au contraire favorisée.

La grande demande de marchandises qu'il y aura de suite après la guerre permettra à l'Allemagne, pendant un certain temps, de vendre très cher ses produits, de prélever de gros bénéfices et de reconstituer rapidement sa puissance économique et militaire.

Mais après quelques années l'abus des longs crédits produira de nouveau une concurrence formidable, des crises commerciales et industrielles ; encore une fois l'Allemagne verra son commerce ruiné, ses industries paralysées ; et pour s'éviter une catastrophe économique, des troubles intérieurs et une foule d'autres embarras, elle sera fatalement acculée à la guerre.

Cela est mathématique.

Aussi, si nous désirons éviter que ces faits puissent se produire nous devons appliquer notre réforme et le faire immédiatement, sans cela nous sommes perdus.

Même en admettant que dans les conditions de paix on impose la limitation des armements, le péril allemand ne serait pas éliminé car la Nation qui posséderait la supériorité dans les industries de la métallurgie et de la construction aurait vite fait d'acquérir la supériorité militaire et de triompher en cas de guerre.

Il n'y aurait que le désarmement total, absolu qui pourrait

complètement nous garantir ; mais pouvons-nous l'imposer par la force des armes ?

Je le crois presque impossible, et dans tous les cas il demanderait un temps excessivement long et des sacrifices énormes.

Notre réforme nous permettrait au contraire d'atteindre rapidement ce résultat et de mettre fin aux hostilités.

Qu'est-ce qui soutient le moral des Allemands dans la guerre actuelle ?

Ils étaient partis en guerre pour échapper à une catastrophe économique et dans l'intention de s'enrichir à nos dépens : aujourd'hui leur résistance n'est animée que par l'espoir de pouvoir reconstituer rapidement leur fortune économique après la guerre.

Si nous leur enlevons cet espoir nous ébranlons leur moral, nous brisons leur résistance, nous les réduisons à l'impuissance et ils nous demanderont eux-mêmes grâce.

Notre réforme place complètement l'Allemagne à la merci de l'Angleterre, de la France et de la Russie.

Devant la ruine totale et irrémédiable, les Allemands seraient obligés de proposer le désarmement pour obtenir en échange des compensations économiques et dans ce cas on pourrait s'entendre.

Une Allemagne industrielle, laborieuse ne constitue point un péril pour l'humanité ; au contraire elle est un facteur puissant de progrès et nous avons tout intérêt de la favoriser, de la soutenir.

Ce que personne ne peut ni admettre, ni tolérer, c'est une Allemagne armée, agressive, rêvant la domination du monde.

Nous avons la conviction que notre réforme amènerait la fin rapide de la guerre à la satisfaction de tout le monde même de l'Allemagne.

Celle-ci se verrait délivrée de son militarisme brutal qui la rendait antipathique à tout le monde et en même temps elle s'évitetait la ruine économique.

Et si l'Allemagne ne se décidait pas à demander la paix, notre réforme nous permettrait de rassembler toutes nos forces et de poursuivre rapidement la guerre jusqu'à la victoire complète.

Notre réforme nous mettra aussi complètement à l'abri pour l'avenir dans le cas plus que probable qu'il ne serait pas possible d'obtenir le désarmement général complet à la conclusion de la paix.

Au point de vue de la défense nationale, notre réforme est aussi nécessaire pour le présent que pour l'avenir.

Notre grande réforme en même temps qu'elle limitera considérablement les exportations allemandes, elle réduira aussi celles de l'Angleterre et de la France; mais tandis que ces dernières trouveront une compensation dans l'évolution de leur mouvement industriel et commercial intérieur, spécialement dans leurs colonies, l'Allemagne n'aura aucune compensation et elle se trouvera complètement ruinée.

L'Angleterre et plus spécialement la France ne pourront plus s'enrichir par la mode, mais elles pourront s'émanciper complètement des produits allemands et briser la puissance économique et militaire de leur implacable ennemie.

L'Angleterre et la France sont aujourd'hui trop riches par rapport aux autres nations, ce qui peut exciter la cupidité, l'envie, la jalousie de ces dernières ; aussi elles doivent songer à défendre et à conserver leurs richesses plutôt que de chercher à les augmenter incessamment.

Deux guerres comme celle-ci et elles seraient complètement ruinées et que serait-ce en cas d'une défaite ?

L'Angleterre, nation insulaire très riche, possédant les plus fertiles colonies du monde, est la plus exposée aux attaques perfides du militarisme allemand ; elle est en même temps la plus vulnérable par sa position topographique ; aussi elle est doublement intéressée à notre réforme qui la débarrasserait définitivement de son plus redoutable et implacable ennemi.

Une invention quelconque de la part des Allemands qui sont très industrieux, par exemple la découverte d'un sous-marin tout-puissant pouvant attaquer et détruire les navires de guerre, isolerait l'Angleterre du continent, de ses colonies et elle se trouverait affamée, perdue et complètement à la merci de son ennemi cruel et barbare.

Les Allemands n'oublieront jamais qu'ils doivent leur défaite actuelle à l'Angleterre ; ils savent aussi que celle-ci est excessivement riche, ce qui excitera encore davantage ce peuple extrêmement rapace à l'attaquer au moment qu'il jugera opportun.

## La réforme au point de vue
## de la défense intérieure.

Le moment est tout à fait propice pour effectuer la grande réforme sur l'habillement.

La guerre s'est déjà chargée elle-même d'imposer des transformations dans nos mœurs et dans nos industries qui rentrent dans le cadre de notre réforme.

L'ostentation du luxe a baissé dans des proportions plus que considérables : tout le commerce a été bouleversé : les industries de luxe ruinées et celles de l'habillement qui intéresseraient notre réforme seraient bien contentes de s'éclipser en recevant une indemnité ou une compensation à définir.

On a trouvé des milliards pour faire la guerre, on trouvera l'argent nécessaire pour garantir notre intégrité, notre sécurité, notre tranquillité, notre dignité.

D'ailleurs il n'y aura pas grand'chose à indemniser car la guerre s'est déjà chargée elle-même de limiter le développement des industries de l'habillement : celles-ci resteront à peu près ce qu'elles sont actuellement et n'auront plus l'éclat d'avant la guerre.

Le personnel qui s'est trouvé désoccupé par la crise des industries de l'habillement s'est employé autre part.

Les difficultés sont au fond plus apparentes que réelles : d'ailleurs il suffira d'avoir constamment sous les yeux le spectacle de tous les affronts, de toutes les vilenies que l'ennemi vient de nous infliger pour que toutes les difficultés s'évanouissent comme par enchantement.

L'idée qui doit prédominer dans tous les esprits est celle de la défense nationale, et celle-ci dépend entièrement de la transformation de notre industrie.

Le même travail accompli pour organiser la production de guerre, il faut le pratiquer dans nos industries pour leur faire subir l'évolution indispensable à la sécurité nationale.

Dans les administrations publiques et privées, dans les grands magasins, dans les cafés, hôtels, restaurants, etc., employer autant que possible rien que des femmes et verser le personnel masculin dans les nouvelles industries de la mécanique et de la construction en général.

Nous pouvons dès à présent nous préparer pour la réparation des immenses ravages produits par l'invasion allemande.

Il nous faudra un matériel énorme de construction et une légion immense d'ouvriers pour réparer rapidement tous les dégâts.

Avant de penser à la fabrication des futilités, du superflu, nous avons le devoir sacré de réintégrer dans leurs demeures les Belges, les Serbes, les Polonais et tous ceux des nôtres qui ont reçu le choc de l'invasion.

Sur ces amas de ruines doivent s'élever des demeures belles et confortables qui perpétueront éternellement l'immense reconnaissance et pitié que tous les citoyens des nations alliées ressentent pour ceux qui ont été les plus éprouvés et dont les demeures ont servi de rempart pour briser le choc de l'invasion, de la barbarie.

Nous aurons ainsi du travail assuré pour quelques années, et dans la suite toute cette armée d'artisans pourra être employée dans la transformation graduelle de nos villes et de nos villages qui sont tout à fait démodés et qui n'offrent aucune commodité pour les gens modestes et pour les travailleurs.

C'est vraiment honteux de constater qu'avec tous les immenses progrès de l'industrie on n'ait presque rien fait au bénéfice des classes les plus méritantes, les plus utiles : les classes laborieuses.

De tous les côtés on a élevé des bâtiments toujours plus somp-

tueux pour les gens fortunés : on a bâti des villes entières telles
que Nice, San Sebastian, Ostende, etc., etc. ; et on n'a rien fait
pour les humbles qui continuent à croupir dans des logements
étriqués, malsains, infects.

A quoi servent les progrès s'ils n'améliorent pas les conditions
d'existence des plus méritants, de ceux qui produisent ces
mêmes progrès ?

Les déshérités de la terre devraient au fond maudire ces soi-
disant progrès qui ne font que faire ressortir leurs misères,
qu'exciter leur dépit, leur convoitise, et les laissent dans des conditions toujours aussi précaires, toujours aussi misérables.

Dans l'avenir il faudra penser un peu plus à ceux qui peinent
pour nous embellir la vie et ce sera d'ailleurs une juste récompense à leur dévouement et à leurs grandes douleurs et sacrifices
dans cette guerre.

Les gouvernements des pays alliés doivent prendre l'initiative
des travaux de reconstitution et, sans devenir eux-mêmes entre-
preneurs, ils pourront adjuger ces travaux à de grandes entreprises de construction placées sous leur direction, sous leur contrôle.

Quand les travaux de reconstitution seront achevés ils pourront décréter des œuvres d'utilité publique, de manière à pouvoir
toujours disposer d'une armée d'ouvriers constructeurs très
habiles complètement sous leur dépendance, qu'en cas de guerre
on pourra utiliser pour la production du matériel belliqueux sans
porter ainsi aucune atteinte aux industries vitales du pays.

C'est d'ailleurs extrêmement politique pour les gouvernements
que d'avoir sous leur main une armée de travailleurs que l'on
pourra augmenter ou diminuer en conformité aux conditions
intérieures du pays.

C'est le seul moyen pour éviter des conflits économiques. Dans
les industries privées, il n'y aura plus un excès de main-d'œuvre

qui faisait baisser les salaires et ceux-ci pourront se maintenir à un taux équitable, raisonnable, car ils n'auront plus à craindre une concurrence désastreuse et déloyale.

Dans les rapports entre le capital et le travail, il y aura deux forces de la même puissance toutes les deux libres, indépendantes, qui pourront discuter loyalement leurs intérêts réciproques sans que des forces délétères viennent briser l'équilibre et la bonne harmonie.

Et voilà comment notre réforme devient une mesure de défense intérieure en même temps que de défense extérieure.

Notre réforme arrive à bon point pour sauver de la ruine les industries de luxe. Nous avons dit que cette guerre et les crises antérieures auront appauvri tout le monde; dans ces conditions, la suppression d'un certain nombre d'industries du luxe sera vraiment providentielle ; celles qui resteront pourront au moins vivre et prospérer ; tandis qu'autrement elles étaient vouées à la consomption, à la ruine.

Notre réforme sera donc un bien pour tout le monde.

# La réforme au point de vue moral et social.

Notre réforme sur l'habillement n'est pas seulement une mesure de défense nationale ; elle est aussi une mesure de défense sociale, de salubrité publique.

La civilisation moderne est trop inféodée dans ses habitudes et trop sceptique en fait de morale pour qu'elle veuille, en temps normal, prendre en considération des nouvelles règles de conduite.

Il faut que des circonstances excessivement graves bouleversent complètement la façon de penser et d'agir de tous les individus pour que ceux-ci se trouvent disposés à porter leur attention sur l'opportunité de modifier leurs mœurs et sur la nécessité d'accomplir une œuvre de salubrité publique.

Les anciens prophètes invoquaient les foudres du ciel pour décider les hommes à modifier leur conduite ; nous, les simples mortels, nous invoquons les foudres de la terre et nous disons aux hommes :

Si vous désirez éviter que vos enfants soient égorgés, vos femmes violées, vos fortunes ravies, vos libertés piétinées, il faut que vous modériez votre cupidité insatiable de richesses et de domination qui est la source unique de tous ces malheurs.

Et nous nous adressons à tous les peuples indistinctement, mais à la France et à l'Angleterre en particulier, pour les deux motifs suivants :

1º Parce que leurs richesses et leurs colonies les exposent plus facilement aux convoitises et aux agressions non seulement de la part de l'Allemagne mais aussi de la part des nations plus pauvres qui demain pourraient se joindre à cette dernière ;

2º Parce que ces deux nations sont les seules qui puissent provoquer une révolution dans les mœurs du monde entier.

Pour modifier les mœurs des peuples et des individus, pour les rendre moins avides, moins rapaces, nous devons supprimer l'obligation de varier constamment la forme de nos vêtements.

Ce sont les exigences tyranniques de la mode qui excitent la cupidité humaine, qui nous imposent des frais énormes et nous poussent à la conquête des richesses.

Or la mode est essentiellement une création de l'Angleterre et plus spécialement de la France, donc c'est à ces deux nations que nous devons nous adresser pour leur proposer une réforme destinée à provoquer une révolution bienfaisante dans le monde entier ; révolution qui les débarrassera pour toujours de leurs ennemis présents et futurs.

L'Angleterre ne fera pas un grand sacrifice en adoptant cette réforme ; celle-ci ne portera pas de modifications profondes dans ses mœurs et cela parce que l'Angleterre est la nation qui socialement se rapproche le plus de la perfection et de notre réforme.

Ses mœurs sont austères, les gens riches sont très discrets, ils ne s'affichent point en public ; ils préfèrent se renfermer prudemment dans leurs foyers où ils jouissent de tout le confortable mais rien ou peu apparaît au dehors.

Il y a dans toute la race un sens profond de la prudence, de la mesure, du bon sens, de la délicatesse, de la pudeur, qui interdit aux riches d'offusquer la susceptibilité des pauvres par l'étalage bruyant de leurs richesses.

En France et dans tous les pays latins, c'est tout le contraire : il y a un goût spécial pour l'affichage ; on a la manie insouciante d'étaler ses richesses dans tous les endroits publics, dans les théâtres, dans les cafés, dans les magasins, dans la rue, partout.

Les femmes surtout font un étalage effronté de toilettes toujours plus luxueuses, toujours plus extravagantes, toujours plus nouvelles.

On n'a aucune pitié du pauvre hère qui traîne péniblement sa vie de travail et de privations dans la rue, dans les magasins, partout : on l'approche à tout instant et on l'insulte, on l'écrase, on le soufflette par une ostentation effrénée de luxe qui dénote un égoïsme profond et inconscient dans toute la race.

Par cette ostentation effrénée de luxe, par cet exemple déplorable, on excitera la cupidité de tout le monde qui ne songera plus qu'amasser sans cesse des richesses pour pouvoir satisfaire ce besoin effréné de s'afficher et de vouloir paraître.

Mais si cette manie générale de vouloir paraître représente un défaut, une imprudence chez les riches, elle constitue au contraire une vertu chez les humbles, car ceux-ci ne cherchent qu'à satisfaire leurs nobles aspirations d'égalité : aspirations alimentées et sanctionnées par les principes régénérateurs de la Grande Révolution.

Malheureusement, les tendances égalitaires des humbles et les tendances despotiques des riches provoqueront une lutte titanique où l'ostentation du luxe et la cupidité des richesses prendront des proportions gigantesques.

Les riches pour distancer les gens modestes rendront la mode toujours plus variable et les humbles pour rivaliser avec les riches solliciteront du crédit que les négociants et même des maisons spéciales s'empresseront de leur accorder.

Ce sera la course générale vers le luxe, vers la conquête des richesses et tout le monde sollicitera du crédit.

L'Allemagne profitera de cette tendance générale à vouloir figurer et de cette avidité effrénée de crédit pour s'enrichir en accordant des grandes facilités de payement aux négociants et ceux-ci les étendront aux particuliers.

Il s'ensuivra de tels abus dans le crédit et de tels désordres dans la consommation et dans la production que la guerre deviendra inévitable.

Et voilà comment par déduction logique le débordement du

luxe, de l'ostentation sera le réel coupable d'avoir déchaîné la guerre.

Par l'ostentation du luxe, nous avons excité la cupidité des Allemands et par nos prodigalités nous leur avons permis de s'enrichir à nos dépens, de s'armer et de nous égorger ensuite à titre de compensation.

Désirons-nous sincèrement éviter la répétition des calamités qui nous affligent actuellement, désirons-nous modérer la cupidité insatiable de nos ennemis, désirons-nous écraser son orgueil, briser son ardeur belliqueuse ?

Limitons nos dépenses, mettons un frein à l'ostentation, au luxe et pour atteindre ce résultat éliminons la cause principale qui nous poussait à la dépense, qui nous obligeait à faire cette ostentation, ce superflu, ce luxe : supprimons la coutume de varier constamment la forme de l'habillement.

Notre réforme affecte tout particulièrement la France qui était la créatrice de la mode pour la femme et qui tirait des bénéfices considérables de cette industrie.

Par cette réforme, elle se trouve cruellement frappée dans ce qui lui était le plus cher, dans ce qui constituait une de ses plus belles traditions artistiques, qui formait son orgueil, sa gloire ; qui était une source inépuisable de richesses en même temps que d'honneurs.

Et c'est toi Sona, son plus humble et meilleur ami qui professe un amour profond, une vénération sacrée pour cette chère et noble France ; c'est toi qui lui propose de renoncer spontanément à ce qui a toujours constitué sa joie, son orgueil.

Pauvre et chère amie, c'est en tremblant d'émotion et les larmes aux yeux que j'implore de toi ce grand et noble sacrifice.

Oui, tu dois le faire pour sauver l'humanité entière en même temps que toi-même.

Tu seras le Rédempteur du monde entier. Par la renonciation

3

sublime d'une de tes plus chères et belles traditions qui fut jadis ta gloire et ta puissance, tu régénères tous les peuples de la terre et toi-même.

Le sacrifice est excessivement douloureux, immense, incommensurable, mais tu dois le faire pour le bonheur de tes enfants et pour celui du monde entier.

Tous les peuples de la terre garderont pour toi une reconnaissance éternelle ; ils t'adoreront comme si tu étais leur divine Providence et ce ne sera d'ailleurs que justice car, par ton sublime sacrifice, tu leur auras dispensé la liberté, la paix, le bonheur.

N'avoir aucun regret à répudier la mode car si elle fut jadis ton amie, ta gloire, ton bonheur, elle est devenue aujourd'hui une ennemie implacable qui cherche sournoisement de t'empoisonner, de t'étrangler, de t'anéantir.

Une fois que tu te seras débarrassée de cet horrible cancer qui te ronge, tu te sentiras plus jeune, plus légère, plus belle, plus heureuse.

Ce que tu perds dans l'art d'habiller les femmes qui était au fond de l'artifice, tu le gagneras dans l'art de savoir t'embellir moralement et physiquement.

Tes enfants deviendront des artistes, des poètes, des esthètes qui feront l'admiration du monde entier et ta gloire sera infiniment plus grande, plus pure, plus réelle.

Tu auras abandonné une fiction, une illusion, pour atteindre une réalité ; à la beauté artificielle et trompeuse de la toilette, tu auras substitué la beauté intellectuelle et physique qui est impérissable et qui offre des réjouissances infinies exemptes des désillusions provoquées par les satisfactions éphémères et fallacieuses de la parure.

Aussi du courage, point de regrets et à l'œuvre.

# La morale.

En principe absolu, la morale est l'ensemble de règles, d'institutions, de pratiques, d'aspirations utiles au développement harmonieux d'une société humaine.

Chaque société humaine aura une morale particulière imposée par des circonstances spéciales d'existence qui se trouvent sous l'influence du climat, de la fertilité du sol, de la position topographique, etc., etc.

La différence de morale sera très prononcée entre les g. des sociétés humaines, par exemple entre la civilisation d'orient et celle d'occident ; elle sera bien moindre entre les groupes qui composent respectivement ces deux civilisations.

Dans la civilisation d'occident, la mode a poussé les peuples vers une même règle de conduite, vers une même morale.

La mode a imposé une certaine uniformité dans la façon de s'habiller et cette uniformité dans le vêtement a inculqué aux peuples une certaine homogénéité de goûts, de penchants, de besoins, d'intérêts, de pratiques, etc., etc.

Puisque la mode a eu la vertu de modifier les pratiques, les mœurs des peuples, elle a été une règle de conduite, une morale.

C'est vrai que la mode par sa variabilité excessive a donné naissance à l'abus de crédit et elle a indirectement provoqué la guerre ; mais cette variabilité a été nécessaire pour faire accepter la même forme d'habillement d'abord aux classes aisées de tous les peuples, ensuite aux autres classes sociales.

La variabilité de la mode a excité la cupidité humaine, poussé les hommes au travail, aux inventions ; elle a déterminé le développement des industries, du commerce, des moyens de communication, etc., etc.

Tous ces facteurs ont produit un roulement général d'affaires et les humbles de tous les pays ont acquis un certain bien-être qui leur a permis de suivre dans une certaine mesure la mode et voilà ccmment l'habillement est devenu uniforme dans la civilisation d'occident.

La mode en raison même de sa variabilité a donc été une morale d'une haute valeur sociale ; mais dès qu'elle a permis à l'abus de crédit de s'introduire dans nos mœurs et de provoquer des malheurs infinis, de morale qu'elle était elle est devenue éminemment immorale ; elle doit par conséquent disparaître de nos habitudes.

Puisque l'ancienne morale est caduque, la civilisation d'occident a besoin d'une nouvelle morale qui puisse régler le développement harmonieux de ses relations commerciales, politiques, sociales, internationales.

Peut-on aujourd'hui fcnder une règle de conduite, une morale uniforme qui puisse s'imposer par attraction spontanée à tous les peuples de la terre ?

Nous affirmons que oui par le fait que les aspirations et les besoins des peuples cherchent spontanément à s'uniformiser ; ce qui indique une tendance générale vers l'égalité.

En acceptant spontanément la même forme d'habillement imposée par la France et l'Angleterre, tous les peuples ont adopté, dans des proportions variables, les mêmes mœurs, les mêmes coutumes, les mêmes institutions démocratiques de ces deux nations ; ce qui nous prouve que tous les peuples de la terre se trouvent absorbés presque inconsciemment par la supériorité des principes démocratiques.

Notre réforme qui supprime la réaction contre les principes démocratiques (la variabilité de la mode) et qui impose à tous les peuples l'adoption de ces principes d'égalité, de fraternité, de liberté sera la nouvelle morale.

Nous sommes absolument convaincus que cette nouvelle

règle de conduite aura le suffrage de tous les peuples parce qu'elle réalise leurs aspirations d'égalité, de liberté, de fraternité et nous le verrons encore mieux dans les chapitres suivants.

La guerre se chargera d'imposer notre réforme à la civilisation d'Occident et les autres peuples seront absorbés par attraction spontanée.

Notre réforme sur l'habillement constitue-t-elle vraiment une morale ?

Oui, parce qu'elle modère la cupidité humaine, supprime les motifs de conflits, engendre la paix, la cordialité, l'estime, le respect dans les relations des peuples et des individus.

Nous allons à présent rechercher quelles seront les modifications que notre réforme apportera dans la civilisation d'occident, et pour mieux apprécier leur importance nous établirons une comparaison entre les conditions sociales, morales, politiques de la société telles qu'elles étaient sous le régime de la variabilité de la mode et ce qu'elles deviendront sous le régime de la militarisation de l'habillement.

# Les régimes démocratiques.

Quelle est politiquement la différence entre un régime despotique et un régime démocratique ?

Dans un régime despotique monarchique ou républicain, la souveraineté est exercée par une caste qui impose sa volonté au reste de la nation.

Dans un régime démocratique, qu'il soit monarchique ou républicain, la souveraineté est exercée par la collectivité qui exprime sa volonté par le suffrage universel.

Toutes les sociétés individualistes ont débuté par le despotisme politique et ce n'est que sous l'influence de circonstances favorables qu'elles ont pu progressivement se démocratiser.

Comment cette évolution s'est-elle effectuée ?

Pour pouvoir suivre cette évolution, il faut que nous remontions à l'origine des sociétés humaines et que nous recherchions les causes qui ont déterminé leur structure politique.

Dans les premières sociétés humaines ou tribus, nous trouvons une espèce de communisme où tous les individus se sont spontanément groupés sous l'autorité d'un chef pour mieux défendre leurs intérêts particuliers et collectifs.

Poussées par des conditions malheureuses d'existence, ces tribus se trouvent dans la nécessité de faire la guerre à leurs voisins et, au lieu de massacrer barbarement les prisonniers, l'idée leur vient de les utiliser pour des travaux d'utilité publique et privée.

Voilà l'origine de l'esclavage et des premières sociétés individualistes despotiques où la caste dominatrice se réserve tous les droits politiques.

Le contact prolongé pendant des siècles devait nécessairement
adoucir la tyrannie que les maîtres exerçaient sur les esclaves ;
mais on n'aurait jamais pu désarmer le despotisme sans le concours de circonstances heureuses qui ont donné aux classes inférieures les moyens de combattre, d'abattre ou d'affaiblir les
régimes despotiques.

Quelles sont ces circonstances heureuses ?

Le développement du commerce et de l'industrie.

Ces deux agents ont donné aux classes dominées la puissance
de l'argent et celle-ci a détrôné le despotisme.

Il se forma une nouvelle aristocratie de l'argent : la bourgeoisie et celle-ci, appuyée par le peuple, déposséda la classe
dominatrice (la noblesse) de ses droits politiques despotiques.

Le pouvoir tomba dans les mains de la bourgeoisie qui gou-
verna au commencement avec le concours limité du peuple et
nous avons l'institution du suffrage restreint.

Dans la suite, par la conquête du suffrage universel, la souveraineté s'exerça par le concours libre de tous les citoyens au pouvoir et nous sommes en plein régime politique démocratique.

C'est donc le commerce et l'industrie qui ont démoli le despotisme politique et effectivement les régimes démocratiques ont
pris naissance et se sont fortifiés dans les nations les plus anciennes au point de vue de la puissance commerciale et industrielle, exemple : l'Angleterre et la France.

Mais les régimes démocratiques, même en Angleterre et en
France où ils ont atteint une certaine perfection, sont loin d'avoir
réalisé les aspirations d'égalité, de fraternité, de liberté qui ani-
maient sans aucun doute ceux qui ont établi ces régimes démocratiques.

Nous pouvons affirmer, et nous allons le démontrer, que ces
régimes ont produit des résultats complètement opposés à ceux
qu'on avait le droit d'espérer.

1º Les régimes démocratiques ont permis aux masses labo·
rieuses d'organiser la lutte de classe et celle-ci a produit les effets
les plus déplorables au point de vue des mœurs sociales.

La lutte de classe a complètement brisé les relations cordiales
de déférence, d'amitié, d'amour réciproques qui existaient ancien·
nement entre les maîtres et les travailleurs ; relations qui existent
encore actuellement dans les pays agricoles : par exemple dans
la Russie et dans l'Espagne.

Dans la civilisation d'Occident, il s'est produit cette anomalie
que les nations qui possèdent les mœurs politiques les plus démo·
cratiques ont acquis des mœurs sociales plus despotiques, plus
intolérantes, plus agressives que les nations qui possèdent des
mœurs politiques plus despotiques.

Nous en avons indiqué les motifs : la lutte entre le capital et le
travail devait fatalement provoquer de la haine, de la rancune
ou tout au moins de la froideur, de l'indifférence dans les rela·
tions sociales des pays industriels.

Il n'y a plus aucune familiarité, on se traite en ennemi et le
patron fera sentir durement son autorité à l'ouvrier.

2º Les régimes démocratiques ont laissé développer dans leur
sein la réaction contre les aspirations d'égalité, de fraternité, de
liberté qu'ils se proposaient certainement de réaliser.

Ils ont permis aux riches de rendre la mode toujours plus
variable ; or celle-ci au lieu de rapprocher sépare les individus et
répand la jalousie, l'envie, la haine, la vénalité, la corruption,
etc., etc.

Comme nous venons de constater, les régimes démocratiques
ont produit des effets désastreux dans les mœurs sociales.

Ces effets désastreux sont la conséquence de l'avidité insa·
tiable de luxe et de domination qui règne dans les pays industriels.

Mal conseillés par une cupidité effrénée de richesses, les négo·
ciants et les industriels ont cherché d'exploiter le plus possible les

masses laborieuses et celles-ci pour se défendre ont dû organiser la lutte de classe.

Assoiffée de domination, la bourgeoisie a rendu la mode très variable pour pouvoir ainsi toujours distancer les classes laborieuses et réagir contre les tendances égalitaires de celles-ci.

La lutte entre les tendances égalitaires de la démocratie et les tendances despotiques de l'aristocratie engendra non seulement des relations sociales déplorables, mais elle provoqua la guerre.

Les tendances despotiques ont engendré la variabilité de la mode et les tendances démocratiques l'abus de crédit.

Il s'ensuit que l'origine exacte de la guerre a été la lutte entre l'aristocratie et la démocratie ; la variabilité de la mode et l'abus de crédit n'ont été que des armes de combats dans les mains de ces deux factions.

Si nous désirons sincèrement éviter une nouvelle guerre, si nous voulons corriger, adoucir les mœurs sociales et réaliser l'union sacrée, cordiale, indissoluble de tous les partis, nous devons absolument modérer l'ambition effrénée de richesses et de domination chez tout le monde indistinctement par la fixation de la mode.

Cette grande réforme rendra les régimes démocratiques cohérents à leurs principes d'égalité, de fraternité, de liberté.

Et les nations qui conservent actuellement des régimes à tendance despotique pourront sans aucune crainte se démocratiser car notre réforme permettra de réaliser sans soubresauts toutes les aspirations des classes laborieuses.

Notre réforme désarme la démagogie et met un frein tout-puissant à la cupidité de tous les partis et de tous les individus.

Dans ces conditions, les oppositions s'adouciront et tous les citoyens seront heureux de coopérer amicalement à l'amélioration du bien-être collectif, à la grandeur et au bonheur de la Nation.

Pour mieux pouvoir saisir l'importance de notre réforme au
point de vue des principes démocratiques, nous allons exposer
les conditions pitoyables dans lesquelles la variabilité de la mode
avait réduit les aspirations d'égalité, de fraternité, de liberté et
nous indiquerons les modifications heureuses que la militarisation de l'habillement apportera dans les mœurs sociales.

# Égalité - Fraternité - Liberté

**Égalité.** — Pouvons-nous parler d'égalité quand la personne qui a les moyens de suivre les caprices extravagants et coûteux de la mode est reçue partout avec déférence, tandis que celle qui ne possède pas ces moyens est exclue ou considérée comme intruse ?

Vous vous êtes dévoué toute votre vie pour la grandeur de votre patrie, pour le bien-être de vos semblables et si vous n'avez pas les moyens de changer constamment la forme de vos vêtements vous serez regardé avec dédain, avec pitié.

Non seulement il n'y a pas d'égalité mais il se produira cette cruelle injustice que la personne méritante se trouvera avilie, amoindrie, toisée par des gens qui ont la possibilité de suivre la mode et qui le plus souvent n'ont jamais rien fait pour leur pays, pour leurs semblables.

Je sais parfaitement que les riches n'ont aucune intention d'offenser les gens supérieurs et modestes ; mais c'est leur habillement qui dégage ce mépris, ce dédain qui blesse bien souvent ceux qui auraient le droit à tout le respect, à toute la considération imaginable et possible.

L'égalité ne pourra jamais exister dans nos mœurs tant que la variabilité de la mode permettra aux riches de repousser, d'avilir les humbles.

L'uniformité du vêtement empêchera que ces faits regrettables puissent se reproduire car les riches ne pourront plus dépasser une certaine limite que les gens modestes pourront facilement atteindre ; ils auront ainsi la possibilité de s'habiller avec une certaine élégance et d'être reçus partout avec respect et déférence.

Nous aurons réalisé à ce moment-là le principe d'égalité.

**Fraternité.** — La variabilité de la mode est l'ennemi le plus implacable de la fraternité, de la cordialité, de l'amitié ; elle élève des barrières infranchissables entre les riches et les pauvres et sépare même les individus de la même catégorie sociale et de la même famille.

Ceux qui ne possèdent pas les moyens de suivre les caprices coûteux de la mode ne pourront point fréquenter, approcher les favorisés du sort, de la fortune.

Comment pourront-ils, les citoyens d'une même nation, se connaître, se comprendre, s'apprécier, s'aimer, s'entr'aider mutuellement ?

Est-ce possible de réaliser cette union sacrée rêvée par nos aïeux et qui constitue à l'heure actuelle l'aspiration de tout le monde ?

Non, tant qu'existera la variabilité dans la mode, tant que celle-ci nous imposera **l'obligation** de faire de l'ostentation de nos richesses pour distancer, pour écraser, pour mépriser notre voisin, le mot de fraternité sera un leurre et les nobles aspirations de l'humanité irréalisables.

La mode brise même les liens sacrés de la famille, car l'individu pauvre qui parvient à se faire une belle situation pourra suivre la mode, varier constamment ses habillements, et il se trouvera dans l'impossibilité de fréquenter ses frères, ses sœurs et, chose horrible à dire, même les auteurs de sa vie.

Pour la même raison, la variabilité de la mode nous sépare bien souvent de nos meilleurs amis, spécialement de ceux d'enfance qui sont les plus chers, les plus spontanés, les plus sincères, les plus intimes.

La variabilité de la mode est l'anarchie, la dissolution dans le domaine des sentiments les plus nobles dont s'honore l'humanité ; elle enfante la haine, la discorde, le malheur, elle doit être maudite et nous ne devons avoir aucun regret à la répudier.

La militarisation de l'habillement permettra à toutes les personnes qui ont le goût du travail, de l'ordre, de l'économie de s'habiller décemment et de pouvoir ainsi fréquenter sans honte les gens les plus fortunés.

Les individus des différentes catégories sociales pourront ainsi se fréquenter, se connaître, s'apprécier, se comprendre et nous nous acheminerons rapidement vers cet idéal de fraternité, d'amour rêvé par ceux qui ont fait la Grande Révolution et aujourd'hui ardemment désiré par toute la société.

**Liberté.** — Tout le monde admet que nous sommes esclaves des caprices tyranniques de la mode et effectivement celle-ci entrave notre liberté.

La mode impose à nous et spécialement à nos femmes une foule de nécessités et de telles dépenses que nous sommes condamnés à un travail sans répit qui épuise rapidement nos forces et nous fait vieillir précocement.

Pour suivre les impositions coûteuses de la mode, nous devons augmenter sans cesse notre activité productrice et renoncer le plus souvent à ce qui constitue le bonheur de la vie ; nous devons renoncer au repos, à l'étude, aux exercices au grand air et enfin à tout ce qui pourrait nous donner la force, la santé, la beauté physique et morale.

La variabilité de la mode nous empêche d'agir en conformité de nos véritables intérêts, elle entrave notre liberté d'action, notre développement normal, harmonieux ; nous devons par conséquent la considérer comme le plus despotique des tyrans.

Nous pouvons dire avec raison que la variabilité de la mode représente le boulet du forçat que notre civilisation traîne à ses pieds.

On pourrait objecter que l'on n'est pas obligé de suivre la mode.

C'est là une grossière erreur, car nous sommes tous forcés de
suivre ses exigences tyranniques si nous voulons être considérés,
si nous désirons faire carrière, etc., etc. ; et comme tout le monde
possède son amour-propre, sa dignité, c'est la course générale vers
le malheur et vers l'esclavage.

La variabilité de la mode entrave la liberté de tout le monde,
mais elle asservit surtout les classes laborieuses, car elle leur
impose un travail ingrat, excessif, bien souvent abrutissant.

La variabilité de la mode rend complètement illusoire l'abolition de l'esclavage.

Nous pouvons affirmer sans aucune exagération que les conditions matérielles des classes laborieuses en général sont plus
malheureuses actuellement qu'aux temps de l'esclavage et il est
facile de le démontrer.

Les premiers conquérants s'étaient généralement exonérés de
tout travail manuel pour l'imposer aux prisonniers de guerre
devenus leurs esclaves.

Ne devant point peiner eux-mêmes, ces conquérants s'étaient
créé une foule de nécessités que les esclaves devaient satisfaire
par leur travail.

Depuis on a aboli l'esclavage mais les travailleurs, n'ayant
aucun moyen de subsistance, sont libres de mourir de faim ou
bien obligés d'accepter les conditions qu'on leur impose ; conditions qui sont matériellement plus pénibles que celles des
anciens esclaves, car ceux-ci travaillaient généralement à la
campagne et ils vivaient à une époque où les besoins, les exigences étaient excessivement limitées.

Moralement les masses laborieuses ont réalisé incontestablement d'immenses progrès; mais matériellement elles sont plus
malheureuses car elles sont contraintes à un travail plus ingrat,
plus intensif, plus malsain et elles sont mal logées, entassées dans
des villes.

Aujourd'hui, à l'exemple des anciens conquérants, les riches augmentent sans cesse leurs besoins, leurs exigences et par surcroît de malheur ils imposent, au moyen de la mode, une foule d'exigences à toutes les classes sociales et ils rendent ainsi complètement illusoire l'abolition de l'esclavage.

Je me demande ce qu'il serait advenu de tous les travailleurs s'ils n'avaient pas pu s'organiser et défendre leurs intérêts.

Anciennement les maîtres s'occupaient des conditions d'existence de leurs esclaves ; aujourd'hui personne ne s'occupe du sort des travailleurs.

Ceux-ci voient s'élever constamment autour d'eux des demeures somptueuses pour les plus favorisés du sort et eux continuent à croupir dans des logements étriqués, malsains.

Puisque personne ne s'occupe d'améliorer les conditions des classes laborieuses, il faudra que les gouvernements, sous la pression de la bourgeoisie, se chargent eux-mêmes de cette tâche.

La militarisation de l'habillement nous permettra de mobiliser un grand nombre de travailleurs qui pourront être employés dans la transformation graduelle de nos villes et de nos villages.

D'autre part, notre réforme limitera les besoins et la cupidité des individus ; dans ces conditions on pourra réduire les heures de travail à des limites qui laissent aux masses laborieuses le temps de jouir des bienfaits de la vie et de profiter de tous les progrès réalisés par elles-mêmes.

Nous aurons ainsi ramené un peu d'équilibre et un peu de justice dans la société ; les déshérités de la terre ne seront plus traités comme des parias et l'abolition de l'esclavage deviendra une réalité.

Nous croyons avoir suffisamment démontré que notre réforme sera le triomphe et la glorification des principes démocratiques d'égalité, de fraternité, de liberté.

# Réformes complémentaires
## à la grande réforme sur l'habillement.

Pour rendre invulnérable notre réforme sur l'habillement, pour démocratiser complètement les mœurs et pour réaliser l'union sacrée définitive de tous les partis, il est absolument indispensable d'effectuer quatre grandes réformes complémentaires : une sur l'instruction ; une sur les services de transports collectifs et les deux autres sur les endroits de réunion publique.

**Enseignement.** — Il faudrait joindre des écoles professionnelles à l'enseignement primaire et secondaire, de sorte que tout le monde indistinctement soit dans l'obligation d'apprendre un métier et de connaître l'agriculture.

Il est toujours utile de savoir se servir d'une pioche, d'une hache, d'une lime et nous en avons un exemple frappant dans la guerre actuelle.

Aujourd'hui que la vogue est à l'automobilisme et à l'aviation, il devient indispensable d'avoir des notions pratiques de la mécanique, de l'électricité, etc.

Par l'institution de ces écoles professionnelles obligatoires, les gouvernements pourront protéger les industries les plus utiles à la Nation en leur préparant le contingent d'ouvriers nécessaires.

Par cette sage institution les fils de la bourgeoisie sauront plus tard diriger efficacement toutes leurs entreprises et en cas de besoin ils pourront même s'émanciper des travailleurs ; on ne sait jamais ce qu'il peut nous arriver dans la vie.

Mais le but principal de cette réforme est d'imposer aux fils de la bourgeoisie l'obligation de connaître et d'apprécier le travail et ceux qui le pratiquent : c'est une espèce de culte que tous les citoyens doivent rendre au travail dès l'âge le plus tendre.

Une main rude, calleuse, ne doit jamais nous rebuter ; nous lui devons tout le respect et toute la considération imaginable et possible car cette main calleuse est le principe et la base de tous les progrès, de toutes les commodités, de tous les loisirs dont nous jouissons.

Nous avons tout intérêt de serrer amicalement cette main rude, car elle pourra en toute occasion nous être utile, spécialement à l'heure du malheur.

Et les fils de la bourgeoisie ont eu maintes fois l'occasion d'apprécier cette grande vérité sur les champs de bataille où bien souvent ils ont été sauvés d'une mort certaine par ces mains solides des fils du peuple et ils ne devront point l'oublier.

C'est une dette sacrée qu'ils ont contractée non seulement envers leurs sauveurs mais envers tous les déshérités de la terre.

**Services de transports collectifs.** — Une autre réforme très utile doit être pratiquée dans le matériel public de locomotion : trains, tramways, bateaux, etc.

Établir un prix unique de sorte que les individus des différentes classes sociales soient constamment en contact et puissent se connaître, s'apprécier et s'aimer.

Dans les trains de nuit, joindre des wagons-lits simples et confortables à des prix modiques pour que tout le monde en puisse profiter.

Celui qui travaille toute la journée a tous les droits de coucher dans un lit quand la nécessité l'oblige à voyager toute la nuit pour se rendre sur le travail.

On pourrait ajouter aux trains locaux et aux tramways des voitures spéciales pour les ouvriers en tenue de travail qui se rendent ou retournent de leur ouvrage, car les personnes habillées proprement ne peuvent pas rester en contact avec celles qui sortent de l'usine couvertes de matières onctueuses, poudreuses, etc., etc.

Dans les autres voitures, n'admettre que des personnes habillées en tenue de voyage (sport) ou de promenade.

Édicter des lois sévères sur l'ordre, la discipline et la propreté. Par ces sages mesures nous généralisons le confort et l'hygiène dans les services publics de locomotion et nous élevons le niveau moral de la masse des populations.

**Lieux de divertissement.** — Imposer aux théâtres et à tous les endroits de divertissement publics un prix unique pour toutes les places, toujours dans le même but de réaliser ce contact, cette union sacrée indispensable au bonheur de la collectivité.

Ne pas admettre dans les théâtres les personnes habillées en tenue de travail ; cela obligera tous les travailleurs de rentrer chez eux, de se nettoyer et de se changer, ce qu'ils devront prendre pour habitude de faire tous les jours.

**Cafés, hôtels, restaurants.** — Une autre réforme absolument indispensable et aussi importante que celle des écoles professionnelles obligatoires est la suivante :

L'élimination de tous les endroits publics de luxe aux prix défensifs, inaccessibles aux personnes modestes et à cet effet nous devons imposer à tous les hôtels, restaurants, cafés, des tarifs maximum à la portée des bourses moyennes, de sorte qu'en toute occasion les individus des différentes classes sociales puissent se rapprocher, se connaître et s'apprécier.

Il faut absolument éviter qu'une petite minorité puisse s'isoler dans des endroits aux prix prohibitifs où elle prendra des manières affectées, hautaines, souvent blessantes, parfois ridicules qui lui feront dédaigner, mépriser les humbles.

Par le contact que nous imposons aux individus des différentes classes sociales, les personnes de la hautes société deviendront les éducateurs des gens du peuple et se débarrasseront en même temps de certaines façons aristocratiques inadmissibles dans les temps démocratiques où nous vivons.

Ainsi le simple contact se chargera d'éduquer tous les citoyens dans un sens de déférence réciproque nécessaire à la stabilité sociale sans le besoin de dicter des règles de conduite.

Cette réforme éliminera ces cafés, restaurants de nuit qui étaient des écoles de perversion morale et physique ; une vraie honte pour la Nation.

La guerre s'est déjà chargée de faire disparaître la plus grande partie de ces endroits d'infection sociale : ils se sont enfuis, cachés comme des malfaiteurs traqués par la vindicte publique.

C'étaient ces endroits de perversion qui attiraient à la France le blâme du monde entier et, chose curieuse, ces lieux de dépravation étaient fréquentés presque exclusivement par des étrangers qui venaient corrompre par leur argent nos mœurs, nos habitudes et fomenter la prostitution, etc., etc.

C'était un bien vilain service qu'on nous rendait.

Quelqu'un osera peut-être objecter que ces endroits abjects apportaient du commerce.

Je répondrais qu'un commerce qui corrompt et déshonore un pays est un commerce empoisonné qui nous fait rougir de honte et on doit le pourchasser comme la peste.

Il y a mille moyens de fomenter le commerce sans la nécessité de dépraver les mœurs et de nous déshonorer.

Il faudra établir dans les hôtels des prix maximum, par exemple de 8 à 10 francs par jour et par personne, chambre et pension comprise, de sorte que certains hôtels qui ont accaparé les meilleures positions de la terre au bénéfice exclusif d'une infime minorité soient mis à la disposition de tout le monde.

Ceux qui peinent toute leur vie et vivent misérablement ou

modestement chez eux ont autant de droits de prendre leurs loisirs dans des endroits pittoresques et confortables que les heureux de la terre qui mènent une vie de plaisir et possèdent déjà
tout le confortable chez eux.

Les étrangers qui viendront visiter le pays se trouveront
mélangés à des individus de toutes les classes sociales et ils
auront ainsi la possibilité de connaître intimement le peuple et
d'apprécier efficacement ses qualités, ses vertus.

La suppression des prix élevés est une mesure providentielle
qui sauvera les hôtels et les restaurants de luxe de la misère, de
la consomption.

Cette guerre aura ruiné tout le monde, elle imposera de fortes
contributions aux gens les plus fortunés, de sorte que la clientèle
de ces endroits de luxe se trouverait sensiblement réduite.

La réduction des prix leur permettra de vivre et de prospérer.
Grâce à cette sage réforme les grands hôtels seront toujours très
fréquentés ; les gens très riches pourront louer des appartements,
des villas et dans ces conditions le commerce et le mouvement des
villes d'eau, de plaisir  telles  que Nice, Vichy, etc.,  sera bien
plus florissant qu'avant la guerre.

Les gouvernements auraient le moyen d'indemniser les hôtels,
cafés, restaurants de luxe afin qu'ils puissent s'adapter aux nouveaux prix en leur accordant des réductions sur les impôts pendant une période de temps à fixer.

Les travailleurs, de leur côté, doivent absolument supprimer
l'habitude des pourboires qui est un élément de corruption et de
désordre en même temps qu'un avilissement pour les employés
qui ont l'air de recevoir une aumône et d'être accessibles à la
corruption.

Leur dignité de personnes libres leur défend absolument de
laisser subsister l'habitude dégradante des pourboires.

Voilà, dans leurs lignes sommaires, les conditions **absolument**

indispensables que nous avons le devoir de remplir si nous désirons réellement réaliser dans l'avenir l'union sacrée de tous les
partis et former un bloc compact, indissoluble, invincible.

Mais si les gens de la bourgeoisie prétendent éviter le contact
du peuple, continuant à s'isoler dans des endroits aux prix élevés,
prohibitifs, où ils contracteront des attitudes aristocratiques qui
leur feront dédaigner, mépriser le peuple, alors ils n'auront
plus aucun droit de parler d'union sacrée et il vaudrait mieux
avouer franchement qu'ils désirent au contraire accentuer l'esprit de caste et qu'ils songent à l'union sacrée seulement à l'heure
du danger quand ils ont besoin de l'appui du peuple.

Cette guerre doit nous fournir l'occasion d'assurer définitivement notre stabilité extérieure et intérieure et d'offrir ainsi aux
générations futures une période inaltérable de paix et de bonheur.

Les gouvernements des pays alliés doivent profiter du courant
de sentimentalité, de cordialité, de dévouement, de tendresse,
d'union qui prédominent dans ces moments d'angoisse et de
tristesse universelles pour régler définitivement la question
sociale de manière que ces sentiments hautement **humanitaires**
et **utilitaires** soient fixés et deviennent la règle de conduite dans
les relations futures intérieures et extérieures des peuples.

Les gens de la bourgeoisie qui prétendent absolument s'isoler
n'auront qu'à voyager dans leurs automobiles, dans leurs yachts
et à donner des fêtes, des réunions intimes chez eux où ils invi-
teront ceux que bon leur plaira ; mais ce ne sera là qu'une toute
petite minorité car la grande majorité de la bourgeoisie sera au
contraire très heureuse de vivre au milieu du peuple, de prendre
part à ses joies et à ses misères.

La militarisation de l'habillement sera une nouvelle charte de
notre constitution et le contact imposé par nos réformes supplé-
mentaires permettra au peuple de veiller efficacement à ce que

ses nouvelles prérogatives soient scrupuleusement respectées ;
la population exercera elle-même la police et se chargera de faire
appliquer strictement les prescriptions sur l'habillement ; personne n'osera ainsi violer les lois fondamentales de la défense
intérieure et extérieure de la Nation.

# L'alcoolisme.

Puisque nous sommes sur la voie des réformes, nous devons parler aussi de la nécessité de supprimer l'alcoolisme qui est une plaie presque aussi nuisible que la variabilité de la mode.

Pour que le corps et l'esprit puissent se conserver dans tout leur éclat, il ne faudrait point qu'ils procèdent sous l'action d'excitants alcooliques car ceux-ci les obligent à produire des efforts contraires à leurs dispositions naturelles et provoquent par là des excès qui amènent l'usure rapide de nos forces intellectuelles et physiques : d'où notre vieillesse précoce.

Tout le monde sait parfaitement que sous l'influence d'un simple verre de vin se réveillent en nous certains désirs, certaines velléités qui ne se seraient point produites à l'état normal, et cela s'observe plus facilement dans les rapports sexuels.

Ce verre de vin nous incite donc à faire un effort qui n'était pas demandé par notre nature et cet effort constitue un excès qui peut provoquer des lassitudes et même des maladies.

Même quand cet effort artificiel, cet excès est minime, imperceptible, il est encore éminemment nuisible, car l'accumulation de ces petits excès presque insignifiants produit le même effet qu'une goutte d'eau qui tombe constamment sur une pierre et finit par la percer.

Sans aucune cause apparente, nous nous trouvons précocement épuisés intellectuellement et physiquement ; or le vrai motif de cet épuisement ce sont ces successions de petits excès, de petits désordres imperceptibles qui ont lentement, sournoisement rongé, brisé notre santé.

Pour bien faire, pour procéder selon les règles de l'hygiène et de la raison, il faudrait supprimer non seulement les alcools, mais aussi toutes les boissons fermentées : vins, bières, cidres, etc.;

même les cafés, thés, et tous les excitants ; ne s'en servir qu'en cas de maladie comme remèdes.

Mais nous comprenons parfaitement que c'est trop demander à la fois et qu'il faut procéder par étapes, car on ne peut pas prétendre l'impossible et priver la grande majorité de notre société de certaines habitudes qui constituent un soulagement, presque une nécessité.

Tant que l'humanité vivra dans des conditions d'hygiène et de travail anormales, certains excitants deviendront presque indispensables.

Contentons-nous pour le moment de prohiber totalement toutes les boissons alcooliques qui sont considérées nuisibles par la partie la plus éclairée de la société : défendons la vente de toutes les liqueurs et de tous les apéritifs à l'exception des vins quinquina et des vins vermouths, à condition que ces derniers soient fabriqués avec des vins légitimes.

L'abolition des boissons alcooliques représente sans doute une grande privation pour bien des gens, mais ces personnes doivent considérer qu'il s'agit de l'avenir de nos enfants, de notre race, de notre civilisation et ces considérations nous imposent le devoir sacré de sacrifier nos goûts malsains, nos mauvais penchants.

Les intérêts personnels doivent toujours s'effacer devant l'intérêt suprême de la collectivité.

On a défendu les boissons alcooliques aux soldats, on les défendra aussi aux civils.

Tout le monde sera ainsi militarisé et coopérera à la défense nationale.

La suppression de l'alcoolisme est indispensable pour pouvoir assurer à la patrie des enfants solides de corps et d'esprit qui sauront imposer plus tard le respect à nos ennemis.

C'est la tâche des législateurs que de voter des lois contre

l'alcoolisme ; mais il ne faut point procéder par des demi-mesures ;
il faut suivre l'exemple de la Russie : l'abolir radicalement.

. Si la France et l'Angleterre n'étaient pas capables de s'imposer
une réforme indispensable à l'amélioration, au bonheur de la
race, il faudrait avouer franchement la faillite du régime parle-
mentaire et mieux vaudrait retourner au despotisme.

Mais ce sont là des craintes chimériques ; devant le péril allemand, tout égoïsme, tout intérêt particulier s'effacera comme par
enchantement et tous les citoyens indistinctement sauront faire
leur devoir.

# De la dépopulation.

Notre réforme résoudra favorablement le problème de la dépopulation qui est excessivement intéressant au point de vue de la défense extérieure et intérieure de la Nation.

On a attribué la dépopulation à bien des causes et on a proposé bien des remèdes ; mais ceux-ci ne pouvaient pas donner de résultats appréciables pour le simple motif que l'on ne connaissait point la véritable origine de la dépopulation ou tout au moins on n'osait point la signaler.

L'origine réelle de la dépopulation est tout simplement le superflu, le luxe imposé par les exigences tyranniques de la mode.

Ce superflu, ce luxe nous imposent à leur tour des charges tellement lourdes que l'on évite d'avoir des enfants et même de se marier.

Il ne faut pas chercher ailleurs l'origine de la dépopulation ; le seul agent responsable de cette grande calamité est la variabilité de la mode ; l'alcool, les maladies, etc., ne sont que des causes subsidiaires.

Le superflu, le luxe non seulement engendrent la dépopulation en raison des frais énormes qu'ils imposent au chef de la famille, mais aussi parce qu'ils débilitent, dépriment moralement et physiquement la race et la rendent inapte à la reproduction.

On ne cherche plus qu'à briller par le superflu, par le luxe et naturellement on néglige de cultiver son esprit et de fortifier son corps ; d'où la dégénération fatale de la race.

Le seul moyen efficace qui puisse éviter notre décadence et combattre le fléau de la dépopulation est notre grande réforme sur l'habillement.

La militarisation de l'habillement empêchera les riches de figurer par le superflu, par le luxe et, dans ces conditions, ils seront obligés de chercher à briller par l'éclat de leur beauté morale et physique.

Ils éprouveront ainsi des satisfactions plus saines, plus pures, plus belles, plus nobles et plus réelles ; ils deviendront forts et vigoureux, ils pourront avoir beaucoup d'enfants et jouir des joies inépuisables de la famille.

Notre réforme délivrera les gens modestes des impositions tyranniques de la mode et, dans ces conditions, ils seront très empressés de se marier et très heureux d'avoir des enfants.

On prétend que les hommes sont devenus égoïstes parce qu'ils fuient le mariage ; mais ce sont les exigences tyranniques de la mode qui nous imposent cet égoïsme et notre instinct de la conservation nous détourne d'un acte qui pourrait avoir des conséquences fâcheuses pour notre tranquillité, pour notre santé et pour notre dignité : on évite autant que possible de se sacrifier, de s'exténuer, de s'asservir, de se dégrader pour satisfaire les caprices insatiables de la mode.

Tout le monde souffre horriblement des impositions tyranniques de la mode et cependant personne n'ose élever la voix ; puisque l'occasion se présente il faut la saisir rapidement par les cheveux et s'en débarrasser une bonne fois.

La variabilité de la mode est la ruine des foyers ; elle répand la discorde, la misère, la corruption, la prostitution, etc., et mieux vaut tirer un voile pitoyable sur ce chapitre douloureux et ne pas trop s'y attarder.

Les familles riches, tant bien que mal, peuvent encore se défendre contre les impositions dangereuses de la mode ; mais les familles modestes dans quel marasme ne se trouvent-elles pas bien souvent plongées !..... et que de misères, que d'humiliations, que de vilenies, que de souffrances ! !.....

Et les pauvres maris ? !.....

Notre réforme mettra un terme à toutes les déceptions, à toutes les misères, à toutes les souffrances, à toutes les défaillances ; aucun germe de discorde ne pourra plus séparer le mari de la femme et les enfants au lieu d'être une charge deviendront une source inépuisable de bonheur.

Je suis absolument persuadé que notre réforme fera augmenter prodigieusement la population dans tous les pays et la France doublera la sienne en peu d'années ; elle aura ainsi en exubérance des soldats forts et vigoureux pour se défendre à l'heure du danger.

J'entends la voix de certaines personnes timorées qui pourraient déjà s'effrayer à la pensée d'une surpopulation dans le futur.

Que ces personnes trop prévoyantes se rassurent ; on trouvera facilement le moyen de nourrir tout le monde par la culture intensive de la terre et on pourra les occuper en transformant le monde en un paradis terrestre.

L'Afrique est encore presque déserte, les Amériques du centre et du sud très fertiles et très peu peuplées attendent anxieusement des émigrants ; ces régions peuvent contenir une population dix fois plus dense que celles d'Europe et d'ici là.....

Donc point de vaines craintes pour l'avenir éloigné et pensons plutôt sérieusement pour le futur présent.

# L'habillement.

Et quelles formes d'habillements pourrait-on adopter ?

Des formes nous rappelant les uniformes militaires seraient à mon avis les mieux indiquées.

Nous pouvons les appeler avec raison les vêtements de la rédemption, de la délivrance, car ils ont abrité efficacement les nobles et vaillants défenseurs de la civilisation.

Si la réforme parvient à imposer la paix, on pourra choisir parmi les uniformes des pays belligérants les modèles les plus élégants et les plus pratiques en même temps.

Hommes et femmes porteraient les mêmes formes de vêtements : les hommes avec des pantalons et les femmes avec des jupes.

On pourrait adopter trois types de vêtements : de promenade ou de visite, de réception ou de soirée, de travail ou de sport.

Pour l'uniforme du travail ou de sport, on pourrait adopter des pantalons courts pour les hommes et des jupes-pantalons pour les femmes.

Les jupes-pantalons pour le travail et pour les sports sont bien plus pratiques, plus hygiéniques et plus pudiques que les jupes usuelles.

L'uniforme de travail serait obligatoire pour tous les ouvriers et employés pendant les heures de travail ; la dignité des maîtres et des patrons se trouverait ainsi sauvegardée.

Les avocats, les juges, les médecins, les professeurs, les instituteurs, les artistes devraient donner le bon exemple et endosser l'uniforme de travail ou sport pendant qu'ils exercent leurs fonctions.

Tous les étudiants hommes et femmes de toutes les catégories d'enseignement devront porter l'uniforme du travail de la même couleur et de la même étoffe.

Les deux sexes pourront marcher sans veston ou jaquette, mais alors les chemises ou chemisettes devront être d'un modèle uniforme pour tout le monde.

Aucune garniture ne sera tolérée et toute infraction aux lois sur l'habillement sera punie de prison.

La différence dans les vêtements consistera simplement dans la qualité de l'étoffe et dans la façon.

Le riche s'habillera chez les grands tailleurs avec des draps fins, du velours, de la soie ; le pauvre portera des vêtements de confection en laine ou en coton.

Pour s'abriter contre le froid ou contre la pluie, on pourrait adopter deux modèles différents : le pardessus et le manteau, par exemple la capa espagnole qui donne un air élégant et très dégagé.

Les fourrures seraient tolérées comme pièces détachées mais point comme garnitures.

Naturellement on pourra porter des manteaux, des pardessus, des vêtements complètement en fourrure mais toujours de la forme établie.

Les enfants et les jeunes gens porteraient les mêmes uniformes avec les modifications jugées opportunes par rapport à l'âge ; on devrait de préférence les habiller avec l'uniforme de travail ou sport.

Comme coiffure on pourrait adopter trois ou quatre formes de chapeaux préférablement souples sans aucune autre garniture qu'un simple ruban.

Le chapeau souple permet de relever ou rabattre l'aile et s'adapte à toutes les physionomies.

Les femmes devraient même prendre l'habitude de marcher tête nue; avec des longs cheveux on n'a aucun besoin de porter des chapeaux.

Sans la nécessité d'imposer de forme spéciale pour la chaussure, conseiller la fabrication de chaussures commodes avec des talons bas et remettre en vogue la sandale avec les pieds nus en été : cela obligera tout le monde à les soigner.

Il faut absolument éviter que la chaussure fatigue le pied et nous empêche de faire l'exercice nécessaire à notre santé.

Naturellement chez soi chacun sera libre de s'habiller à sa fantaisie ; mais en public toute infraction aux lois sur l'habillement sera considéré comme un crime des plus graves et puni en conséquence : la Nation seule aura le droit d'apporter des variations ou des modifications à l'habillement.

L'uniformité des vêtements permettra d'atteindre des progrès stupéfiants dans l'évolution esthétique de l'habillement.

Pour atteindre un degré toujours plus haut de perfection et rendre un vêtement toujours plus beau, plus élégant, plus pratique, il faut perfectionner constamment un type de vêtement et non changer continuellement de modèle, ce qui nous place dans l'impossibilité d'atteindre un certain degré de perfection.

Sous le régime de la mode variable, une infime minorité qui avait les moyens d'aller chez les grands couturiers pouvait s'habiller avec une certaine élégance ; tandis que la très grande majorité était au contraire très mal fagotée.

La militarisation de l'habillement permettra de perfectionner constamment le vêtement et tout le monde sera habillé avec élégance et distinction.

Ce sera un progrès esthétique colossal et ce progrès réalisé dans l'habillement aura une influence considérable sur l'évolution morale et physique de toute la race humaine.

Un habillement bien fait nous donne plus d'aplomb, plus de maintien, plus de goût pour le beau, pour l'art, pour la propreté pour l'hygiène ; il nous apprend à bien marcher, à bien se tenir, il nous incite à faire du sport, de la danse pour acquérir de la souplesse, de l'élégance ; il nous conseille la sobriété pour ne point engraisser et perdre l'harmonie des formes ; il élève le moral et l'esprit.

En perfectionnant l'habillement, nous allons donc perfectionner moralement et physiquement la race humaine et voilà comment s'élargit toujours plus le rôle bienfaisant de notre réforme.

En vue de l'influence énorme que l'habillement exerce sur les qualités morales et physiques des individus, toutes les nations devront instituer un ministère de l'habillement qui sera en même temps le ministère de moralité publique.

Ce ministère s'occupera de faire appliquer strictement les lois sur l'habillement et de proposer aux législateurs les modifications nécessaires pour atteindre un degré toujours plus haut de perfection dans le vêtement ; il veillera aussi à ce que l'art, le théâtre, la littérature coopèrent efficacement à l'évolution morale, esthétique des individus et non à la fausser, à la pervertir.

**Le deuil.** — Sans la nécessité d'imposer le deuil par des lois, tout le monde devrait spontanément s'habiller avec des couleurs sombres pendant un certain nombre d'années.

C'est un devoir sacré pour toute l'humanité que de rendre un hommage solennel à tous les héros qui ont exposé leur vie pour sauver la civilisation et le meilleur hommage consiste dans une tenue grave, modeste, correcte dans la façon de s'habiller.

Ce ne sera pas seulement un témoignage de gratitude à la mémoire de ceux qui sont tombés au champ d'honneur mais ce sera encore une marque d'estime, de déférence, de reconnaissance envers tous les soldats, envers tous les blessés, les mutilés qui ont pu survivre à cette monstrueuse hécatombe.

Ce deuil nous rappellera constamment nos devoirs de gratitude envers ceux qui se sont sacrifiés pour défendre nos existences, notre dignité, nos libertés, notre indépendance ; ce sera un deuil salutaire qui avivra en nous l'amour envers nos semblables ; il nous rendra meilleurs, plus tolérants, plus humbles, moins égoïstes.

Nous avons dit que le deuil est un devoir sacré pour l'humanité entière et cela devient facilement compréhensible si nous considérons que tous les peuples ont contribué inconsciemment à provoquer la terrible conflagration actuelle, soit par l'abus du crédit, soit par le débordement du luxe.

Il est donc juste et naturel que tout le monde indistinctement rende un hommage respectueux aux victimes expiatoires d'une faute collective, internationale.

# Prostitution et corruption.

Notre réforme mettra un frein tout-puissant aux deux plus terribles plaies qui affligent et déshonorent l'humanité : la prostitution et la corruption.

S'il est avilissant de se vendre, de se prostituer, il est encore bien plus dégradant d'acheter, de corrompre.

L'homme qui achète les faveurs d'une femme renonce par lui-même à sa dignité de mâle ; il se ravale, il se dégrade, il se diminue à ses propres yeux ; il proclame son impuissance, sa déchéance.

C'est un affront qu'il inflige à sa dignité, à sa nature ; ce n'est plus un homme libre ; c'est un esclave.

Esclave dans le sens qu'il abdique à son droit de conquérant et qu'il se laisse asservir par une passion brutale, dégradante.

La femme qui se vend se rend volontairement esclave puisqu'elle renonce à disposer de son corps, de sa conscience en conformité avec les aspirations de sa nature ; mais elle peut au moins invoquer bien des atténuations : la misère, le désir de se délivrer d'un travail trop pénible ou trop peu rémunéré par rapport aux exigences coûteuses et tyranniques de la mode.

Mais l'homme qui achète, qui corrompt, ne peut invoquer d'autres excuses qu'une ambition mal placée et le vice.

Il y a sans doute des besoins organiques, mais ceux-ci doivent être disciplinés ; si on parvient à les dompter chez la femme, on doit y parvenir aussi chez l'homme.

Il faut donner à la jeunesse une éducation virile, lui défendre toute lecture délétère, maîtriser ses instincts charnels par l'exercice, par la fatigue et la caser le plus tôt possible.

Quand l'homme arrive à l'âge de la raison le sentiment de sa propre dignité doit lui défendre de trafiquer avec l'amour.

Mieux vaut mourir qu'être misérable, que s'avilir, que se dégrader. Si plus tard des désordres de jeunesse nous rendent incapables de faire des conquêtes, il faut avoir le courage civil de s'imposer l'abstinence.

Et nous serons largement récompensés de notre sagesse ; pendant ce repos salutaire, nos forces déprimées auront le temps de se reconstituer et nous pourrons ainsi encore et toujours triompher.

Il n'y a pas de vieillesse en amour et ce que l'on perd en vigueur on le gagne en expérience, en tact, en savoir-faire.

La beauté, la faculté de plaire n'ont pas d'âge et c'est une erreur de croire que ces qualités sont l'apanage exclusif de la jeunesse.

La beauté suprême suppose le développement physique et intellectuel complet de l'homme ; l'expérience, la compréhension totale de la vie.

C'est l'intelligence rendue consciente par l'étude, le perfectionnement et l'expérience qui imprime un charme spécial au regard, à l'expression de la figure et nous fait apprécier par la femme.

Par l'âge on acquiert des qualités intellectuelles, artistiques, esthétiques qui compensent largement le charme qu'inspire la jeunesse.

Si par l'âge la vigueur baisse, les besoins diminuent aussi dans la même proportion et celui qui aura su conserver son charme pourra toujours satisfaire avantageusement ses penchants.

Il s'agit tout simplement de mener une vie ordonnée, de savoir ménager nos forces et le meilleur moyen pour atteindre ce résultat est de se refuser tout contact qui ne soit pas scellé par l'amour, qui ne soit point mérité.

Sans la nécessité d'édicter des maximes de morale sur ce thème scabreux de l'amour, notre réforme se chargera d'épurer le milieu ambiant et de nous débarrasser de ces deux terribles fléaux : la corruption et la prostitution.

**L'obligation** de faire du superflu, du luxe imposé par les exigences tyranniques de la mode était, sans aucun doute, le facteur tout-puissant qui engendrait la corruption, la prostitution, la vénalité et ces trois épidémies menaçaient de contaminer toute la société, même le foyer sacré de la famille.

Anciennement la prostitution était limitée à une certaine classe sociale misérable ; aujourd'hui ce n'est plus la misère, mais le superflu, la toilette qui engendrent la prostitution et celle-ci s'étend comme la tache d'huile.

Notre réforme ramènera l'ordre et la normalité dans la société : en éliminant **l'obligation** de varier constamment nos vêtements, de faire du superflu, du luxe, nous délivrons la femme d'une foule de dépenses qui auraient pu la détourner du bon chemin.

Nous supprimons le facteur principal qui fomentait la prostitution et celle-ci disparaîtra en même temps que la corruption, car il n'y aura plus ni le besoin de se vendre, ni la possibilité d'acheter, de corrompre.

Nous enlevons pour ainsi dire au chasseur sa proie et nous moralisons l'homme en même temps que la femme.

Ainsi, sans la nécessité de dicter des règles de conduite, notre réforme se chargera de discipliner, de morigéner les mœurs.

Les bons conseils et les meilleurs préceptes de morale servent à bien peu de chose tant qu'il y a des causes fondamentales qui engendrent le mal, la corruption ; supprimons les causes et nous éliminerons les effets.

———

# La femme.

Notre réforme représente la glorification de la femme puisqu'elle réalise son émancipation morale.

Qu'est-ce qui asservissait la femme ? Des besoins d'argent imposés par les exigences tyranniques de la mode.

Notre réforme rendra à la femme la faculté de pouvoir choisir en toute occasion l'élu de son cœur ; elle ne sera plus exposée à subir des mariages d'intérêt qui étaient au fond une forme larvée de prostitution.

L'usage dégradant de la dot n'aura plus aucune raison d'exister et il tombera peu à peu en désuétude ; l'amour se trouvera ennobli et la famille purifiée.

Par la suppression des exigences tyranniques de la mode, nous éliminons les germes de discorde, de dissolution qui minaient l'harmonie, la paix, le bonheur de la famille.

L'infidélité, l'adultère, l'hypocrisie, le mensonge deviendront des mots incompréhensibles pour les générations futures.

Nous élevons à un tel degré la dignité de l'homme et de la femme que même le soupçon d'un affront ne pourra plus germer dans leur esprit.

C'est une véritable révolution morale que notre réforme apportera dans les mœurs de l'homme et de la femme ; toute leur façon d'agir et de penser se trouvera complètement bouleversée.

La femme sera obligée d'abandonner ce qui avait constitué jusqu'ici sa joie, son bonheur ; elle n'aura plus la possibilité de se griser dans la volupté de changer constamment la forme de ses vêtements.

Ce sera certainement pour elle une grande privation spécialement au début car la vie n'est qu'habitude ; mais elle ne doit point avoir de regrets ; au contraire, elle doit être heureuse de se débarrasser d'une joie, d'un bonheur complètement trompeurs qui étaient la source de tous ses malheurs.

La femme se contentait trop souvent des satisfactions fallacieuses de la toilette ; elle négligeait de cultiver par les sports sa beauté naturelle ; celle-ci était vite flétrie et l'amour lui tournait le dos ; sa vie devenait alors une source de déception et de souffrances.

L'ostentation du luxe soulevait autour de la femme une foule de jalousies, de perfidies, de rivalités, d'inimitiés qui empoisonnaient son existence.

Notre réforme apportera la simplicité, la modération, la discrétion qui établiront un milieu ambiant de sincérité, de cordialité, de sympathie, d'amour et la femme jouira d'un bonheur sincère, réel, incommensurable.

Quelles nobles et admirables visions nous fait entrevoir notre réforme, et cependant, malgré toute la beauté morale de sa doctrine nous sommes complètement convaincus qu'elle n'aurait aucune efficacité sans le concours malheureux et en même temps heureux de cette terrible conflagration.

Malheureux dans le sens que la guerre a causé un nombre infini de victimes et de misères ; heureux dans le sens qu'elle permet d'écraser le militarisme allemand et qu'elle nous arrête sur le précipice de notre déchéance morale.

Ce qui va nous obliger à changer de route, ce ne sont pas des préceptes de morale ; mais c'est la vision horrible de toutes les calamités qui viennent de s'accumuler sous nos yeux.

Or notre réforme est la seule mesure susceptible de nous éviter la répétition de toutes ces horreurs et de nous débarrasser pour toujours du péril allemand ; aussi elle s'impose pour ces motifs à notre conscience bien mieux que par ses conséquences morales.

C'est notre superflu, notre luxe, nos prodigalités qui ont permis aux Allemands de s'enrichir, de s'armer jusqu'aux dents et de nous attaquer traîtreusement.

Toute cette foule de chapeaux, de vêtements que nous avons changés sans aucune nécessité, pour le simple plaisir de varier et de faire de l'ostentation, représente des millions de balles, d'obus, d'armes de toutes espèces qui massacrent en ce moment nos hommes les plus valides.

Nous avons forgé nous-mêmes les armes de nos ennemis et nous sommes inconsciemment les assassins de nos propres enfants ! !.....

Et cependant nous sommes tous excusables.

Qui pouvait s'imaginer que ce superflu, ce luxe que nous considérions comme un immense progrès, qui fomentait le commerce, qui constituait notre joie, notre orgueil aurait pu provoquer une si terrible catastrophe ?

Mais si nous sommes excusables pour le passé, nous serions des criminels, des monstres si nous ne changions point de conduite pour l'avenir.

Nous sommes persuadés que la femme sera le partisan le plus enthousiaste de notre réforme ; celle qui la réclamera avec plus d'insistance, fière de pouvoir coopérer ainsi à la défense de la patrie, de la civilisation.

Repousser cette réforme ce serait se rendre complice de l'assassinat de leurs propres enfants, et nos femmes ont trop de bon sens; trop de cœur, trop de patriotisme pour soulever la plus légère objection à une réforme qui doit protéger la vie, la dignité de ceux qui constituent leur joie, leur soutien, leur bonheur.

Il devient presque absurde de supposer qu'on puisse s'opposer à notre réforme, et si une femme formulait une objection, cela signifierait qu'elle a été trompée par des gens intéressés à fausser l'esprit et le but de notre réforme.

Et ces individus ne peuvent être que des gens mal intentionnés qui aiment trafiquer, s'enrichir sur le malheur des autres et, dans ce cas, nous les vouons au mépris public.

Le but, la portée, la valeur de notre réforme est clair, simple, irréfutable.

Même en admettant contre l'évidence que l'abus des longs délais de payement ne soit pas l'origine de la guerre il est cependant indiscutable que les Allemands se sont servis de ce système de crédit pour s'enrichir.

Or notre réforme est le seul moyen efficace susceptible de supprimer l'abus de crédit et d'empêcher que les Allemands puissent refaire rapidement leur puissance économique, s'armer et nous attaquer à nouveau.

Et si nous ne voulons même pas admettre que notre réforme puisse supprimer l'abus de crédit il reste cependant complètement démontré que notre réforme est la seule mesure défensive capable de nous délivrer pour toujours du péril allemand.

## La bourgeoisie.

Jamais plus belle occasion ne s'est présentée à la bourgeoisie pour s'attacher solidement et pour toujours le peuple.

Si la bourgeoisie prend l'initiative de cette réforme géniale, elle sera récompensée par l'abnégation, par le dévouement sans bornes du peuple qui défendra ses prérogatives comme les siennes propres.

Il s'établira des liens de tolérance, de déférence, d'amitié réciproque qui embelliront la vie de la bourgeoisie et la rendront vraiment heureuse.

Ce sera le moyen de jouir avec pleine satisfaction de ses revenus sans soulever aucune jalousie, aucune opposition.

Mais cette réforme sera avant tout la régénération de la bourgeoisie même qui acquerra un nouvel éclat, une nouvelle puissance.

La bourgeoisie, qui est la partie la plus noble, la plus belle de la société, c'est-à-dire la fille précieuse de l'effort et de l'intelligence, s'étiole, se déforme, se corrompt dans le luxe et dans la mollesse.

Le moment propice est arrivé de réagir et d'assurer pour toujours sa puissance, son bonheur, en même temps que le bonheur du peuple.

Débarrassés du cancer de la mode, les fils de la bourgeoisie chercheront à briller par leurs qualités morales et physiques, ils deviendront ainsi les directeurs, les esthètes de la société ; les admirés, les choyés du peuple qui sera heureux d'acclamer leurs qualités viriles, leurs vertus.

La bourgeoisie ne doit jamais oublier que les conditions suprêmes du bonheur sont l'amour de nos semblables et la santé ;

sans ces deux conditions essentielles il n'y a point de bonheur réel sur terre.

L'ostentation de nos richesses, les raffinements nous donnent un bonheur complètement factice, illusoire, trompeur et ils tarissent les sources du vrai bonheur.

Ils soulèvent contre nous l'hostilité, le mensonge et ils brisent, ravagent notre santé.

Il faut donc leur déclarer résolument la guerre.

Mais il ne faut pas que l'initiative de cette grande réforme parte d'en bas ; il faut absolument que ce soit vous les nouveaux patriciens, qui fassiez ce magnifique cadeau au peuple.

Ce sera d'ailleurs une juste récompense au dévouement, à l'abnégation, à la vaillante attitude du peuple dans cette cruelle épreuve.

Cette grande réforme viendra à consolider et à consacrer définitivement la propriété privée, car elle préserve ses détenteurs de la déchéance, désarme la démagogie et assure les sympathies, l'appui du peuple à la bourgeoisie.

La bourgeoisie doit prendre elle-même l'initiative de faire décréter des œuvres d'utilité publique spécialement en faveur des humbles.

Son suprême intérêt est d'occuper tout le monde en remuant constamment le sol national jusqu'à la consommation des siècles ; c'est le seul moyen de régner en toute tranquillité.

Le peuple ne demande que du travail, du pain et de l'amusement. si la bourgeoisie sait organiser la société de sorte que le travail soit constamment assuré à des limites de temps raisonnables pour que l'homme ait le temps de s'occuper efficacement de sa famille, de cultiver son esprit, de protéger sa santé ; si la bourgeoisie sait organiser des fêtes, des divertissements qui élèvent le niveau moral du peuple : eh bien! le règne de la bourgeoisie n'aura pas de limites et sera des plus heureux.

# La paix des nations.

Si la France et l'Angleterre se décident à prendre en considération les réformes que nous avons signalées — et c'est à elles de prendre cette initiative puisque la mode est leur création presque exclusive — nous sommes entièrement persuadés que l'Allemagne se trouvera puissamment affectée, démoralisée, car elle verra s'évanouir à tout jamais ses rêves de richesse et de domination.

Il est plus que probable qu'en se voyant définitivement perdue, sans plus aucune chance d'une revanche lointaine, l'Allemagne se décide à proposer elle-même le désarmement et, dans ce cas, il y aurait lieu de s'entendre et de lui accorder même des compensations économiques pour empêcher la ruine complète de ses industries.

Comme nous avons déjà dit ailleurs, le grand danger pour les nations alliées et pour le monde entier ce n'est point une Allemagne pacifique, laborieuse, qui constituerait au contraire un puissant facteur de progrès pour l'humanité.

L'unique danger est le militarisme allemand et, si celui-ci se déclare vaincu et dépose spontanément les armes, les Alliés peuvent se tenir pour satisfaits, ne fût-ce que pour la possibilité de pouvoir épargner un nombre infini de vies humaines que sans aucun doute il faudrait encore sacrifier pour réduire le militarisme allemand par la force.

On pourrait alors entamer des négociations de paix mettant comme condition principale l'obligation de décréter d'un commun accord les réformes que nous avons signalées.

Les masses laborieuses de tous les pays belligérants indistinctement pourront considérer cette heureuse solution comme une victoire inattendue, miraculeuse, puisqu'elles se trouvent définitivement délivrées de toute contrainte morale et matérielle.

D'autre part, la guerre ne laissera subsister aucune animosité regrettable, car tous les belligérants devront cette solution heureuse à la guerre même et à leur vaillante attitude.

Tout le monde considérera toutes les horreurs survenues comme une inéluctable fatalité que le destin nous réservait dans le but de préparer une humanité plus fraternelle, plus heureuse.

Ce magnifique résultat sera la conséquence de la ténacité, de la discipline, de l'abnégation des masses laborieuses et les gouvernements des pays belligérants seront heureux de présenter ces réformes comme une juste récompense à leur héroïque et vaillante conduite.

Par ces réformes on évitera des troubles intérieurs, spécialement en Allemagne, car la fixation de la mode aura délivré tout le monde des frais d'exhibition, de l'obligation de faire du luxe et malgré toutes les pertes occasionnées par les crises commerciales antérieures et par la guerre on se trouvera infiniment plus riches qu'avant et personne n'aura ainsi rien à récriminer.

Il se produira ce fait miraculeux que la guerre au lieu d'appauvrir aura enrichi tout le monde.

Les gouvernements pourront présenter à leurs peuples cette solution géniale comme la plus grande victoire morale que l'humanité ait jamais obtenue et qui dépasse tout ce qu'un cerveau humain aurait jamais pu concevoir et ambitionner.

Ils pourront mettre en évidence la haute valeur morale et sociale de ces réformes.

Celles-ci non seulement établiront des liens indissolubles d'amour fraternel parmi les diverses classes sociales et parmi les nations, mais encore elles imprimeront une nouvelle façon d'agir et de penser aux peuples.

Au lieu d'être constamment obsédés par l'avidité d'amasser sans cesse des richesses et de les étaler avec fracas, ils seront

animés par la noble ambition de briller par leurs qualités physiques et morales.

Au lieu de la course forcenée vers l'acquisition des richesses
qui nous réserve le plus souvent une foule de déceptions, de souffrances, d'humiliations et de malheurs, ce sera la course vers la
possession de la beauté morale et physique qui est une source
inépuisable de vrai bonheur.

Nous préparons ainsi des générations d'artistes, de poètes,
d'athlètes qui ignoreront les souffrances, les déceptions, les
malheurs.

On pourrait célébrer la Paix des Nations avec le concours de
tous les peuples qui accepteraient ces réformes et cette grande
conférence internationale serait assistée par une commission
d'artistes couturiers qui devra élire le vêtement de la conciliation,
de la rédemption.

Les gouvernements pourraient même s'entendre pour former
une espèce de confédération économique dont l'objet serait
d'abolir les droits de douane sur tous les articles manufacturés.

L'Agriculture, qui représente la réelle richesse d'une nation,
pourrait continuer à bénéficier des tarifs protecteurs afin que
chaque nation parvienne à se rendre, autant que possible, indé-
pendante.

L'abolition des droits de douane permettrait d'effectuer rapidement la restauration de tous les dégâts causés par la guerre,
car l'Allemagne, qui est indiscutablement la mieux outillée, pourrait intervenir efficacement.

Si au contraire les nations alliées se défendent par des tarifs
protecteurs elles favorisent leurs industries, mais elles retarde-
raient considérablement l'œuvre de reconstitution.

D'ailleurs il y aura du travail pour tout le monde pendant
de nombreuses années.

L'abolition des droits de douane serait un gage en plus pour la

conservation de la paix car elle rapprocherait les peuples en éli
minant tout motif de discorde.

On pourrait unifier et élever le prix de transport des marchandises de sorte que la distance devienne la seule défense naturelle des industries de chaque pays; naturellement, dans ce cas,
toute subvention de la part des gouvernements serait défendue.

Ceux-ci pourraient imposer de forts impôts súr les moyens de
transports ce qui compenserait la perte des droits de douane
supprimés.

Pour défendre son industrie, l'Angleterre se verra dans la
nécessité d'imposer aux autres nations confédérées sa législation
sociale sur le travail, c'est-à-dire de faire accepter la journée
de huit heures, de sorte que tous les pays se trouvent dans les
mêmes conditions de lutte.

De son côté, la Confédération Internationale du travail tâche-
rait d'unifier autant que possible le prix de la main-d'œuvre
dans chaque industrie par rapport aux conditions climatolo-
giques de chaque région.

Enfin, on trouvera toujours le moyen de s'entendre à la satisfaction de tout le monde si l'Allemagne se décide à proposer le
désarmement.

Mais si elle persiste dans son attitude belliqueuse, il faudra
la réduire par la force et alors notre réforme permettra aux nations alliées de faire des économies, de réduire sensiblement
leurs dépenses, de diriger tous leurs efforts vers la production
du matériel de guerre, de résister efficacement jusqu'à la solution
logique et de se préparer en même temps pour l'avenir, quelle
que soit l'issue de la guerre actuelle.

Les gouvernements des pays alliés se trouveront puissamment
aidés dans leur tâche par le peuple qui n'épargnera aucun effort,
aucun sacrifice pour assurer le triomphe, heureux de pouvoir
ainsi témoigner à la bourgeoisie son immense gratitude et sa

satisfaction pour les manifestations d'estime et de déférence qu'elle lui aura octroyées en décrétant ces réformes éminemment démocratiques.

Ces réformes établiront un courant de sympathie tout-puissant entre le peuple et la bourgeoisie et donneront aux nations alliées une force morale formidable qui les rendra invulnérables, invincibles.

# Socialisme et communisme.

Les grandes réformes que nous avons signalées réaliseront d'un seul coup toutes les aspirations des classes laborieuses et, dans ces conditions, le socialisme perdra son caractère agressif et deviendra un parti réformiste rallié à la bourgeoisie, lui indiquant les conditions réelles du peuple pour pouvoir les améliorer d'un commun accord.

La réalisation utopique d'un État collectiviste sera complètement abandonnée par les socialistes qui d'ailleurs n'en parlent plus depuis longtemps.

J'ai lu plusieurs projets de cités collectivistes et je dois avouer franchement qu'aucun ne m'a paru réalisable, pour le simple motif qu'ils laissent tous subsister le principe fondamental qui engendre la propriété privée : la récompense proportionnelle.

Effectivement, tant que l'individu aura la faculté de gagner en proportion de ses aptitudes, les plus résistants, les plus intelligents, les plus économes pourront s'enrichir et devenir capitalistes et la propriété privée se trouvera éternellement reconstituée.

**Communisme.** — La seule forme nouvelle d'organisation sociale possible dans un avenir encore excessivement éloigné serait le communisme d'État qui consisterait dans la coopération spontanée, désintéressée de tous les individus au bien-être collectif sans aucune rétribution d'argent et sous l'impulsion des seules récompenses morales.

Dans ce cas il n'y aurait plus d'argent, plus de propriété privée, plus de police et tout le monde travaillerait spontanément pour la collectivité en échange du nécessaire pour sa subsistance ; mais pour en arriver là il faudrait supposer une certaine homogénéité de besoins personnels et une perfection morale que l'humanité ne pourrait atteindre qu'après plusieurs siècles d'efforts.

Dans cette cité idéale, le travail, l'activité humaine seront stimulés par les seules récompenses morales.

Pour qu'une certaine homogénéité d'existence soit possible il faudrait que tous les individus indistinctement parvinssent à comprendre que le travail, la simplicité, la sobriété, la force, la santé et la beauté sont les uniques sources du bonheur; celles, qui nous permettent **de jouir et de dominer avec l'approbation et la joie de nos semblables.**

A ce moment-là seulement il serait possible de réaliser la cité idéale car les richesses, la propriété privée deviendraient non seulement inutiles mais nuisibles et naturellement leurs déten-teurs s'en dépouilleraient spontanément.

Mais si nous jetons un regard autour de nous combien nous en sommes encore éloignés ! !.....

Cependant nos réformes nous amèneront lentement, imper-ceptiblement vers cette cité idéale, vers le communisme d'État ; l'évolution se fera doucement, sans secousses, elle procédera sous l'impulsion d'un besoin toujours plus puissant d'amour et de fraternité.

# Le travail obligatoire.

Nous sommes d'avis que le travail doit être imposé d'autorité à tout individu n'ayant pas de moyens de subsistance ; le vagabondage ne doit absolument pas être toléré dans une société où le travail est assuré à tout le monde.

Deux forces seulement doivent régir la société : le capital et le travail ; le vagabondage n'appartient ni à l'une, ni à l'autre de ces deux forces, il sert simplement pour les compromettre, pour les affaiblir, pour les détériorer et pour briser la bonne harmonie qui doit régner entre le capital et le travail.

L'homme ou la femme qui n'ayant point de moyens de subsistance ne travaillent pas, ne peuvent être que des malades ou des voleurs, des proxénètes, des prostituées.

S'ils sont malades, nous avons l'obligation de les abriter dans des maisons de santé ; et pour les autres catégories de vagabonds il n'y a que la réclusion ou des maisons closes, car à l'état libre ils sont éminemment nuisibles à l'ordre social, à la moralité publique.

De premier acquit l'idée du travail obligatoire peut nous révolter, car il nous fait penser à la contrainte, à l'esclavage.

Cependant il n'y a pas lieu de s'effrayer parce qu'il ne s'agit ni de contrainte, ni d'esclavage et nous allons nous expliquer.

Dans les sociétés individualistes, le travail est une obligation fatale, inéluctable pour tout individu qui ne possède pas des moyens de subsistance ; c'est une contrainte qui nous est imposée par la nécessité et personne n'a la possibilité de s'y soustraire.

Celui qui ne se plie pas à cette obligation inéluctable viole les principes mêmes sur lesquels repose toute la société et il devient par là un révolté, un parasite, un être dangereux à l'ordre social.

Le travail réduit à des limites de temps raisonnables qui permettent à l'individu de goûter à ce qui fait le prix de la vie, n'est pas un esclavage, il constitue au contraire la délivrance, la santé, le bonheur.

Le travail représente la raison d'être de l'individu ; vivre veut dire se mouvoir, agir, dépenser de l'énergie.

Sans énergie, sans effort, sans mouvement il n'y a pas de vie, il n'y a pas d'individus.

Or cette énergie s'exerce tout naturellement dans tout ce qui peut favoriser notre existence.

Cela est commun à tous les êtres animés indistinctement car tous doivent se donner la peine de travailler pour assurer leur subsistance.

Aussi le travail, loin d'être une souffrance, une contrainte, représente au contraire une satisfaction puisqu'il signifie vivre, prospérer, jouir.

Il s'ensuit que les masses laborieuses se trouvent dans des conditions bien plus favorables que la bourgeoisie ; l'obligation de travailler qui leur est imposée par la nécessité les préserve de la déchéance et leur rend la vie heureuse.

Tandis que les riches doivent lutter contre la paresse et s'imposer eux-mêmes le travail s'ils désirent écarter la déchéance, le malheur, et cela n'est pas à la portée de tout le monde.

Notre réforme sur l'habillement permettra aux riches de lutter avantageusement contre la déchéance, contre le malheur et ils seront aidés dans cette tâche par l'institution des écoles professionnelles obligatoires qui leur feront aimer le travail et les travailleurs.

Le travail manuel cessera d'être considéré comme un signe d'infériorité, de dégradation ; il deviendra au contraire un titre honorifique et tout le monde sera fier, heureux de le pratiquer.

Nos réformes sont la glorification du travail, base et principe de notre réhabilitation morale et physique.

# Les intellectuels.

Notre grande réforme est sans aucun doute l'ange tutélaire du monde intellectuel : professeurs, instituteurs, hommes de lettres, artistes, professions libérales, hauts employés, etc.

L'humanité a le plus grand intérêt de conserver dans toute leur beauté, dans toute leur intégrité, ses enfants les plus intelligents, les plus sensibles, les plus utiles.

Elle a encore l'obligation d'éviter que la dignité, la sensibilité exquise de ces nobles enfants ne soient point ternies, blessées par de vulgaires nécessités d'exhibition, de luxe, d'argent.

Il est donc absolument indispensable de placer les intellectuels dans un milieu ambiant de pureté et de candeur où la corruption et la vénalité ne puissent point s'étaler et ternir par leur contact impur les tempéraments exquis de ces natures privilégiées.

N'est-ce point un crime que des gens qui vivent dans la divine aspiration d'illustrer, d'embellir, d'égayer la vie de leurs semblables soient bien souvent forcés de mener une vie misérable pour être obligés de suivre les caprices coûteux de la mode, de faire de l'ostentation, du luxe qui sont aujourd'hui, chose honteuse à dire, une des bases du succès ?

Combien d'intelligences fécondes, combien de tempéraments artistiques ont été précocement brisés, anéantis par une vie agitée, déréglée à laquelle ils sont fatalement acculés par le mauvais exemple et par les exigences inexorables de la mode qui leur impose le luxe, le faste, l'ostentation, les raffinements, etc.

Le luxe, les raffinements non seulement menacent d'affaiblir, de briser la santé, la vigueur, la beauté physique et morale de nos intellectuels, mais encore ils cherchent sournoisement à fausser, à pervertir la génialité, la sincérité, la beauté de leurs manifestations, de leurs productions littéraires, artistiques.

Il est donc absolument indispensable de purifier notre milieu ambiant pour éviter à nos artistes, à nos intellectuels des contacts délétères qui brisent leur élan, leur énergie et privent l'humanité de la coopération efficace, intégrale de ses meilleurs enfants.

Quelle est l'aspiration suprême de tous les artistes, de tous les intellectuels ?

N'est-ce point le désir ardent de mériter l'amour, l'estime, la considération, les applaudissements de leurs semblables ?

Il faut donc augmenter sans cesse nos témoignages de reconnaissance, de tendresse, d'admiration, de respect envers ces nobles créatures et les compenser ainsi largement de la perte des jouissances fallacieuses que leur pouvaient offrir l'exhibition, le luxe, les raffinements.

Nous devons considérer les artistes, les intellectuels comme nos guides, nos précepteurs, comme la partie la meilleure de nous-mêmes.

Nous avons le devoir sacré de leur rendre la vie belle, agréable, heureuse, mais nous avons aussi le devoir de veiller soigneusement pour que leurs natures privilégiées se conservent dans tout leur éclat, dans toute leur beauté et puissent ainsi constituer un facteur constant de bonheur pour eux-mêmes et pour les autres.

Et voilà comment notre réforme constitue encore un autre immense progrès puisqu'elle devient la protectrice de nos intellectuels qui sont eux-mêmes la source de tous les progrès.

Notre réforme sur l'habillement non seulement préserve nos meilleurs enfants de toute déchéance mais encore elle favorise le développement de tous les arts.

La fixation de la mode obligera les riches à faire des économies et, ne pouvant plus dépenser leur argent dans le superflu, dans la toilette, ils favoriseront les arts et les artistes.

Leurs maisons deviendront le rendez-vous du monde intellectuel et se transformeront en véritables musées de beaux-arts.

# Le théâtre et ses artistes.

Le théâtre est le fidèle interprète du caractère, des mœurs d'un peuple ; par la variété des pièces théâtrales, nous pouvons connaître les différents ordres d'idées qui circulent dans une nation et quelle est la prévalence des unes sur les autres.

Le théâtre français est sans aucun doute celui qui a eu le plus d'influence à l'étranger, et cela parce qu'il interprète mieux les goûts, les aspirations des autres peuples.

Cependant pas tous les genres de l'art théâtral français ont pénétré dans la même mesure chez les peuples étrangers et les pièces à caractère libre, licencieuses, ont été complètement repoussées par certaines nations ; par exemple par l'Espagne et l'Angleterre.

Que cela signifie-t-il ? Cela signifie que l'Espagne et l'Angleterre possèdent une culture morale, des mœurs sociales supérieures non seulement à celles de la France mais aussi à celles de toutes les autres nations de race chrétienne.

L'équilibre moral et social a atteint un tel degré dans les populations de ces deux nations que celles-ci repoussent instinctivement et brutalement toute conception artistique qui voudrait offusquer, pervertir la pureté de leurs mœurs, de leurs penchants qu'ils considèrent avec raison d'une essence supérieure et par là intangible.

C'est indiscutablement en Espagne et en Angleterre où vous trouverez **chez toutes les classes sociales** des mœurs familiales plus pures, plus sévères, plus équilibrées, et n'oublions point que la famille est la pierre angulaire d'une société individualiste.

Toucher à l'intégrité de la famille c'est courir droit vers l'anarchie, vers la dissolution de la société, aussi la bourgeoisie doit appuyer de toutes ses forces notre réforme sur l'habillement qui est l'ange tutélaire de l'amour et de la famille.

Le théâtre nous sera d'une aide toute-puissante dans notre tâche de restauration sociale si nous savons choisir et imposer d'autorité des pièces capables de glorifier, diviniser la vie de famille, de sorte que l'on soit obligé d'aimer ce qui peut favoriser son intégrité morale et détester ce qui voudrait au contraire la détériorer, la démolir.

Mais avant de continuer notre thèse sur le théâtre futur, nous avons l'obligation de dire quelques mots sur le théâtre passé.

Celui-ci, malgré ses débordements licencieux, a été une nécessité du moment et il a constitué un puissant facteur de progrès dans la conduite des peuples.

Nous avons dit que le théâtre est le fidèle interprète des mœurs de son époque ; il devait donc fatalement reproduire et magnifier les mœurs luxueuses et dissipées engendrées par la variabilité de la mode.

Or, celle-ci a constitué pendant une certaine période de temps un puissant facteur de progrès social, international, car elle a imposé l'uniformité de vêtement à toute la civilisation d'Occident ; ce qui a permis de rapprocher les peuples en leur communiquant une certaine homogénéité de goûts, de tendances, de mœurs, d'intérêts, d'aspirations.

Si la variabilité de la mode a été un facteur nécessaire de progrès, l'excès de luxe et ses conséquences fâcheuses doivent être aussi considérés comme un élément de progrès dans le passé

Et le théâtre français, fidèle interprète des mœurs luxueuses et libres de cette époque, a donc été éminemment moral pour la bonne raison que cet excès de luxe et cette liberté de mœurs étaient indispensables à l'évolution de l'humanité.

Si certains genres de l'art théâtral français n'ont pas eu de prise sur des nations comme l'Espagne et l'Angleterre, certains

autres ont produit un effet éminemment moralisateur dans ces
mêmes nations.

L'art français, d'une beauté exquise et captivante, a pu faire
pénétrer partout les traits caractéristiques de la race française
qui possède un tempérament noble, fier, vaillant, délicat, altruiste, humanitaire.

Toute la littérature française n'est qu'un hymne à l'amour,
à la beauté, à la fraternité, à la liberté ; nobles sentiments qui
de tous les temps ont séduit et captivé les peuples.

L'excès de luxe et ses conséquences fâcheuses n'ont été
qu'une croûte très mince qui enveloppait les qualités nobles et
viriles de la race française et les dissimulait aux regards peu
sagaces de certains étrangers.

La grande masse de la population française se rongeait de
honte et d'indignation à l'aspect de ces manifestations morbides
du luxe qui prétendaient souiller et pervertir les nobles traditions de la race ; mais cependant il fallait mordre le frein et pa-
tienter ; le moment n'était pas encore propice pour réagir.

C'était le cosmopolitisme international qui avait importé
dans la France, jadis aussi prude que l'Angleterre, ce débordement d'argent et de luxe avec ses conséquences fatales.

Or, il fallait faire un bon accueil à l'élite des peuples étrangers
qui venaient à Paris pour se griser d'art, d'amour, de beauté et
qui absorbaient en même temps les idées fraternelles, libératrices
de la culture française ; idées qui devaient graduellement
insensiblement, diriger tous les peuples vers le même idéal de
beauté et de perfection sociale.

Aussi, le peuple français, le cœur plein d'angoisse et d'amer-
tume, considérait les manifestations morbides de ce débordement
de luxe comme un mal momentanément nécessaire ; mais il
attendait avec anxiété le moment favorable pour pouvoir s'en
débarrasser.

Et voici que la guerre éclate et l'œuvre d'épuration s'impose à tous les esprits.

La guerre nous aura apporté la délivrance que nous attendions avec anxiété ; à quelque chose malheur est bon.

Notre réforme, en même temps qu'elle mettra un terme au débordement du luxe, provoquera une grande révolution dans nos mœurs et dans l'art théâtral.

Celui-ci se moralisera en même temps que nos mœurs, mais, pour faciliter cette double évolution, il faudra imposer d'autorité au théâtre un rôle moralisateur.

L'art théâtral est le meilleur système d'éducation et de régénération sociale s'il s'exerce à morigéner, perfectionner notre façon de penser et d'agir.

Il faut absolument qu'en toute occasion le théâtre exalte ce qui est utile à l'évolution harmonieuse de la famille, de la société, et blâme, critique, raille ce qui pourrait lui nuire.

Le réalisme théâtral ne peut pas être admis dans une société individualiste.

Certaines tares, certaines fautes inévitables ne doivent jamais trouver d'indulgence, d'excuse aux yeux du public ; en toute occasion nous devons les flétrir, les railler, les vouer au mépris.

Par tares ou fautes nous entendons l'obscénité, l'adultère, l'infidélité, le mensonge, l'hypocrisie, la perversité, la brutalité, l'égoïsme, l'orgueil, la vénalité, la corruption, la prostitution, l'oisiveté et tous leurs dérivés.

Par obscénité, nous entendons tous les actes, toutes les attitudes, toutes les allusions qui nous rappellent directement les relations intimes de l'amour.

Le nu, la volupté sur le théâtre ne constituent point de l'obscénité ; nous devons les considérer au contraire des facteurs de progrès et de moralité quand ils se proposent de nous faire aimer la beauté physique, la grâce, l'élégance ; qualités qui élèvent et ennoblissent l'esprit.

Pour que le théâtre puisse exercer un rôle moralisateur dans la société, il doit être essentiellement populaire, c'est-à-dire qu'il doit s'occuper tout spécialement des classes laborieuses des champs et des villes.

Célébrer tout ce qui peut favoriser le contact, l'union cordiale du peuple et de la bourgeoisie ; railler les orgueilleux et exalter les gens riches qui savent se montrer modestes, discrets, affables.

Inculquer aux travailleurs le respect, la considération, l'amour envers leurs patrons et envers toutes les personnes de la bourgeoisie.

En partant du principe que le capital est le résultat d'une convention universellement acceptée par laquelle les individus les plus intelligents, les plus résistants et les plus économes ont le droit de s'enrichir et de capitaliser, présenter aux yeux du peuple le capital comme étant l'emblème de l'effort, du progrès et du bonheur.

Effectivement, le capital personnifie l'agriculture, le commerce, l'industrie et il produit par conséquence le travail, le progrès, le bonheur.

Les capitalistes sont les mains providentielles qui distribuent ces bienfaits et dignes par là de toute la considération imaginable et possible de la part des travailleurs.

Représenter sur la scène des épisodes de la vie populaire et bourgeoise, mais toujours sous un jour favorable à la stabilité sociale et familiale.

Composer des pièces théâtrales où tous les genres puissent s'exercer à la fois : la comédie, le chant, la danse, la mimique, la musique.

Les Espagnols excellent dans ce genre d'art théâtral ; ils possèdent un théâtre populaire appelé petit genre (genero chico)

qui est une merveille, et ce théâtre nous donne l'explication de
la supériorité esthétique de la race espagnole.

Dans la deuxième partie de notre livre, nous produisons une
étude sur ce théâtre d'essence divine et ceux qui s'intéressent
à l'art théâtral pourront le consulter.

Le théâtre étant un élément de la plus haute importance au
point de vue de l'éducation et de la stabilité sociale, il convient
qu'il soit placé sous le contrôle rigoureux de l'État.

Il est absolument indispensable de nationaliser tous les théâtres et tous les endroits de divertissements publics, y compris
les cinémas, et les soumettre aux mêmes règlements que l'enseignement public ; le théâtre libre ne doit pas exister.

En fait de liberté, il faut se poser cet axiome : toute liberté
qui peut compromettre l'ordre, la stabilité de la collectivité
représente une menace, un danger pour la sécurité publique ;
elle constitue par conséquent un crime des plus graves et ne peut
pas absolument être tolérée.

Dans un régime démocratique, le suffrage universel permet à
l'opinion publique de déterminer ce qui est indispensable pour
la sécurité collective et les lois doivent se charger de faire respecter cette opinion.

Je suis persuadé que dans l'avenir le théâtre deviendra non
seulement le plus important organe d'éducation, mais il sera
aussi le meilleur système d'instruction.

La littérature, la philosophie, l'histoire, l'ethnographie, l'art
de savoir vivre qui est la science des sciences et nombre d'autres matières peuvent bien plus facilement s'apprendre par le
théâtre que par l'école.

Des pièces théâtrales instructives agrémentées par des danses,
par des chants et par des situations comiques, bouffonnes, nous
amusent et nous font réfléchir en même temps.

L'art de savoir vivre est sans aucun doute un thème des plus intéressants à développer sur la scène; il se prête à mille situations gracieuses, comiques, instructives.

Je trace comme exemple deux figures de nos classes moyennes à caractères complètement opposés.

Jean et Charles sont deux garçons de la petite bourgeoisie ayant fait leurs études ensemble mais que la différence de tempérament sépara dans la suite ; l'un suivit le chemin du malheur, l'autre du bonheur.

Jean dans sa jeunesse était un garçon trop sérieux pour son âge, qui n'aimait que l'étude et dédaignait les sports ; il aimait cependant la bonne chère et le bon vin.

Charles aimait l'étude mais plus encore les sports et tous les amusements nobles et virils ; il suivait les règles de la tempérance pour pouvoir acquérir le maximum de beauté, de force et d'élégance.

Les voilà devenus hommes.

Jean, grâce à ses diplômes d'études et à son application excessive, est parvenu à se faire rapidement une belle situation, mais faute d'exercice il a pris de l'embonpoint et il a perdu l'harmonie des formes, la beauté du sourire, de l'expression.

Il a besoin de se griser pour ranimer sa gaîté et il recourt à l'art de son coiffeur et de son tailleur pour se donner une apparence de beauté et d'élégance.

Faute de qualités viriles, il tâche de s'imposer par la morgue, par l'aplomb et par son argent.

Les femmes ont pour lui un amour intéressé, se moquent de lui et le trompent.

Son intelligence s'alourdit en même temps que son corps ; il vit à présent des notions acquises dans sa jeunesse ; il est un réservoir d'idées toutes faites qu'il débitera gravement à tort et à travers pour émerveiller son auditoire ; mais il n'arrivera jamais à convaincre personne, car il a perdu la possibilité d'appliquer à propos l'énorme bagage scientifique qu'il s'est approprié, mais qu'il n'a pu digérer.

La possibilité de pouvoir digérer et appliquer efficacement les notions absorbées par l'étude s'acquiert par l'expérience, mais spécialement par le culte des sports, de l'art, de la beauté.

Le culte des sports rendra non seulement notre corps sain, équilibré, vigoureux, résistant, souple, mais il communiquera ces mêmes qualités à notre esprit qui aura ainsi la facilité pour approfondir et résoudre toutes les questions que notre équilibre physique et moral nous aura conseillé d'étudier comme étant approprié à nos aptitudes.

Le culte des arts et de la beauté nous mettra en contact intime avec la nature et avec notre milieu ambiant, ce qui nous permettra de comprendre et de connaître les lois de leur évolution perpétuelle.

Dans ces conditions, nous saurons non seulement appliquer judicieusement ce que nous avons absorbé dans les livres, mais nous serons aussi capables de créer nous-mêmes des choses belles et utiles.

Jean, incapable de se faire apprécier par ses dons naturels, cherchera à s'imposer, à dominer par son argent ; il travaillera comme un nègre pour augmenter sans cesse ses richesses ; il deviendra intéressé, intrigant, égoïste, indifférent aux misères humaines ; il s'épuisera vite et vieillira précocement.

Il n'aura jamais accompli aucune œuvre altruiste excepté dans un but de réclame ; aussi personne ne lui en saura gré.

De ceux qui le connaissent quelques-uns le haïssent, d'autres le craignent ou le méprisent ; personne ne l'aime sincèrement ; il y a bien des gens qui le flattent mais c'est pour l'exploiter.

Il est devenu sceptique, pessimiste ; il ne croit qu'au mal et il est incapable de comprendre et d'apprécier le bien.

Pour lui, les travailleurs sont d'une race inférieure, des vauriens insatiables de bien-être qu'il faudrait traiter par la trique, aussi ses dépendants le détestent et lui font des misères.

Jean, malgré sa morgue et son aplomb, mène une existence des plus malheureuses parce qu'il est rongé intérieurement par le dépit, par la rage, par le chagrin ; il est, au fond, bien digne de pitié.

Voyons à présent ce qu'est devenu notre ami Charles.

Charles de toute sa vie n'a eu qu'une ambition : se faire apprécier par ses qualités morales et physiques ; aussi il aime passionnément les sports, les arts, la beauté.

Son corps est toujours plus souple, plus élégant, plus vigoureux et son intelligence est la fidèle image de ses qualités physiques : équilibrée, délicate, sensible et puissante en même temps.

Son équilibre moral, son âme sensible et sa noble ambition de vouloir se faire apprécier par ses dons naturels lui ont fait comprendre que pour mériter l'admiration, l'estime et l'amour de ses semblables, il ne fallait pas seulement posséder la force et la beauté mais encore la bonté.

Aussi, de toute sa vie, il a cherché à se rendre utile à son prochain, soit par l'aide désintéressée, soit par les bons conseils et par le bon exemple.

Charles, qui, par une faveur spéciale de la nature, avait hérité d'un caractère droit, noble et fier lui faisant dédaigner toute faveur qui ne fût point méritée par ses qualités personnelles, s'attristait à la vue de la grande masse de ses contemporains qui était obsédée par l'avidité des richesses et par le goût de l'ostentation.

Il voyait, le cœur plein d'affliction, que tout le monde courait droit au précipice, à la perdition ; aussi il cherchait, par la réflexion et par l'étude, le moyen de mettre un frein à ce débordement insensé de luxe, d'égoïsme, d'orgie.

Il comprenait parfaitement que c'était de la folie que de vouloir à lui tout seul arrêter cette avalanche humaine qui se précipitait le cœur léger vers l'abîme et cependant une voix intérieure lui disait : courage, Charles, ne te démoralise point ; continue tes recherches.

Il faut dire aussi qu'il était soutenu dans la noble tâche qu'il poursuivait par une confiance illimitée dans la bonté du cœur humain.

Au milieu de cette atmosphère orageuse et pleine de dangers, sa vie coulait douce et paisible ; il n'avait que des amis et il était relativement heureux par rapport aux temps calamiteux qu'il traversait.

Dans sa jeunesse, Charles aima beaucoup, avec violence, mais il fut plutôt volage et cela parce qu'il ne rencontra jamais son âme sœur.

Plus tard, quand son intelligence acquit une certaine élévation par l'expérience, par l'art, par la réflexion et par l'étude, son cœur s'éprit pour des femmes trop haut placées qu'il ne pouvait pas atteindre.

Il se contentait de les aimer en secret sans jamais chercher à les séduire, à les éblouir par l'ostentation du luxe ; il se disait philosophiquement : Charles, calme ton ardeur, ce n'est pas pour toi.

Ne pouvant pas atteindre la réalité, il aimait platoniquement toutes les femmes intéressantes qu'il rencontrait sur son chemin et il était quand même heureux ; les artistes de théâtre étaient sa prédilection parce qu'elles constituaient à ses yeux la personnification de la beauté physique et morale.

Il considérait certaines catégories d'artistes comme étant les victimes expiatoires des exigences tyranniques de la mode, du luxe : il les considérait doublement dignes et morales pour avoir tout sacrifié dans le but de pouvoir réaliser la divine aspiration d'égayer, d'embellir la vie de leurs semblables.

Les femmes le récompensaient de son amour noble, fier et pur par des regards de gratitude et d'amour ; elles semblaient lui dire : Nous aussi nous t'aimons sincèrement en secret, parce que nous comprenons que tu es un vrai mâle, plein de dignité, incapable de nous faire l'affront de vouloir nous conquérir par l'ostentation des richesses.

Effectivement, Charles avait toujours conservé une haute dignité de soi-même ; il avait le noble orgueil de vouloir être aimé pour ses beaux yeux ; il professait aussi une vénération profonde pour toutes les femmes de n'importe quelle catégorie sociale.

. Il considérait comme la plus atroce insulte à l'adresse d'une femme la prétention de vouloir la conquérir par l'ostentation des richesses : c'était, aux yeux de son âme noble et délicate, avilir, dégrader la femme, la croire capable de prostituer sa conscience, d'être accessible à la corruption.

Voilà tracés dans leurs lignes sommaires deux caractères bien différents qui se prêtent à merveille pour composer une infinité de pièces théâtrales éminemment morales et instructives.

Jean et Charles représentent l'un le mal, l'autre le bien, l'un l'égoïsme et l'autre l'altruisme ; l'un le malheur, l'autre le bonheur.

En plaçant Jean sous un jour défavorable, nous inspirons au peuple le dégoût pour l'égoïsme, pour l'ostentation du luxe, pour l'avidité effrénée des richesses, pour l'intempérance et enfin pour tout ce qui est susceptible de nuire aux individus et à la société.

En exaltant le caractère de Charles, nous faisons aimer l'altruisme, les sports, la sobriété, les arts, la beauté, l'élégance ; nous ennoblissons l'homme et la femme et nous collaborons ainsi

utilement et noblement au progrès, au bonheur de la société,
de l'humanité.

**Les artistes de théâtre.** — Les artistes de théâtre constituent
sans aucun doute la partie la plus expressive et la plus utile
du monde intellectuel.

La plus expressive parce qu'elle possède au plus haut degré
la faculté de s'approprier les gestes et les idées et de les représenter sur la scène.

La plus utile parce qu'elle est capable d'animer par le geste
et la parole les créations littéraires de nos écrivains et de les faire
pénétrer facilement dans la conscience publique.

Si nous partons du principe que le théâtre est le plus puissant
organe d'éducation et d'instruction, et par conséquent le plus
utile à l'évolution sociale, nous devons admettre que les artistes
de théâtre jouent un rôle prépondérant dans la société et qu'ils
méritent par là un traitement de faveur.

Si nous désirons que le théâtre soit moralisateur, nous
devons aussi prétendre que ses artistes soient des modèles de
vertu.

Quelle est la suprême vertu d'un citoyen ?

L'altruisme, le désintéressement.

L'artiste est sans aucun doute l'être le plus altruiste, le plus
désintéressé de la société ; il ne vit que dans la sublime aspiration d'égayer, de réjouir, d'instruire ses semblables et de mériter
leur admiration, leur affection, leurs applaudissements.

Les artistes sont les représentants sur terre de la divine Providence puisqu'ils dispensent la gaîté, la joie, la lumière, le bonheur ; nous devons par conséquent les considérer comme des
Dieux et les placer sur un piédestal tellement élevé qu'aucune
éclaboussure ne puisse jamais les atteindre, les souiller.

Par éclaboussures, nous entendons toutes les préoccupations

7

d'argent qui nous rendent malgré nous égoïstes et quelquefois
fautifs.

Les artistes ne doivent jamais à aucun moment de leur vie
se trouver gênés, préoccupés par des besoins d'argent ; c'est le
seul moyen de leur éviter toute défaillance.

A cet effet, tous les artistes indistinctement doivent être placés sous la protection de l'État et former une corporation dont
l'autorité morale sera supérieure à celle des professeurs et des
instituteurs.

Le théâtre doit être le temple sacré de la beauté, de l'altruisme
et ses artistes les symboles de ces qualités divines.

L'éducation de l'artiste doit être tout particulièrement soi-
gnée et, dans nos conservatoires, il faudra faire une large place
aux cours de morale sociale et individuelle.

Faire comprendre aux élèves le rôle moralisateur que le théâtre
joue dans la société et le devoir pour un artiste de conserver
dans toute leur pureté, dans toute leur vocation, les sentiments nobles, altruistes qui ont déterminé sa vocation pour le
théâtre.

On doit absolument défendre aux artistes d'accepter des ca-
deaux, des bijoux, etc. ; à moins que ce soit des fleurs ou des
souvenirs honorifiques n'ayant aucune valeur commerciale.

Tout présent qui peut rappeler même de loin l'idée d'argent,
d'intérêt, doit être considéré par un artiste non seulement comme
un affront infligé à lui-même, mais aussi à l'art qu'il représente.

La délicatesse exquise d'un artiste doit se trouver complètement à l'abri de toute criminelle supposition qui permettrait
de le faire croire accessible à de vulgaires et bas intérêts.

L'artiste doit avoir un mépris profond, absolu pour tout ce
qui pourrait porter en lui-même le soupçon de cupidité, d'égoïsme
de vénalité, de corruption.

Il ne doit jamais oublier qu'il est le symbole de l'altruisme, de la beauté et il doit, par conséquent, haïr violemment tout ce qui voudrait le rendre indigne de cet attribut d'essence divine.

Pour donner aux artistes une occupation noble et virile en dehors de leur besogne théâtrale et aussi pour les tenir en contact direct avec le public et ses nécessités, il faudrait les agréger aux écoles professionnelles obligatoires en qualité de professeurs de sport et d'esthétique.

L'art et la beauté se manifestent dans les fonctions les plus humbles de la vie ; il y a de l'art, de la grâce, de l'élégance dans la façon de se servir d'un balai, d'une lime, d'une pioche, etc.

J'ai vu des Chiliens manœuvrer la hache avec une telle souplesse, une telle vigueur, une telle grâce qui aurait soulevé l'enthousiasme, l'admiration de n'importe quelle personne éprise d'art et de beauté.

Quelle gloire et quel orgueil pour une nation que de voir dans quelques années d'ici ses champs et ses usines peuplés par des esthètes, par des artistes aussi bien capables de vous chanter avec sentiment et intonation un couplet, que de vous danser avec grâce et élégance n'importe quel ballet, que de manier leurs instruments de travail avec vigueur, souplesse et distinction.

Mais alors la terre sera peuplée d'artisans qui seront artistes et poètes !

C'est précisément le but qu'il faut atteindre.

L'art et la beauté sont des sources inépuisables de bonheur ; même dans les heures les plus calamiteuses de la vie, l'artiste trouvera une suprême consolation dans l'art, dans la beauté.

Malgré tous les ennuis, il rêvera quand même le bonheur et il vivra dans de douces illusions, dans de belles espérances qui lui feront oublier les angoisses du moment, les injustices du sort.

Mais le culte de l'art et de la beauté nous apporte aussi la santé qui est la source essentielle du bonheur.

Pour atteindre la beauté, la grâce, l'élégance, il faut pratiquer les sports et suivre les règles de l'hygiène, de la tempérance ; aussi le culte de l'art et de la beauté non seulement nous offre de nobles satisfactions morales, mais encore il nous donne le suprême des bonheurs : la santé.

# La religion.

Notre ouvrage n'est au fond que la guerre à l'ostentation, au luxe imposé par les nécessités de l'heure actuelle et faite d'une manière rationnelle et pratique telle qu'elle convient au développement moral, social et politique de notre civilisation.

Les mêmes principes, les mêmes maximes de réhabilitation humaine ont été exposés par les grands prophètes de toutes les religions et par un nombre infini de moralistes depuis les temps les plus reculés.

Si ces nobles maximes n'ont pas donné le résultat satisfaisant que ces grands conducteurs d'hommes se proposaient, la faute en était aux temps et aux circonstances qui ne se prêtaient point à l'application rigoureuse de ces principes régénérateurs.

Il a fallu que le débordement de la cupidité humaine déchaînât la terrible conflagration actuelle pour que l'on se voie dans l'obligation de prendre de sages mesures défensives pour enrayer la soif effrénée de richesses et de domination.

L'enseignement qui se dégage de nos réformes correspond aux vœux, aux prophéties de notre divin Sauveur Jésus-Christ, car toute sa doctrine n'est qu'une clameur, qu'une protestation, qu'un blâme véhément contre le luxe, l'ostentation, l'orgueil, qui sont la cause de tous les maux qui ont, de tous les temps, affligé l'humanité.

Il a fallu presque deux mille ans pour que le sacrifice du Christ ait pu porter ses fruits bienfaisants.

Son sang précieux n'a pas été répandu en vain et les générations qui se sont succédé depuis sa mort glorieuse ont su se débarrasser en grande partie de leur péché d'origine qui était tout simplement l'ignorance.

Si d'un côté l'étude et le progrès ont provoqué ce choc terrible, d'un autre côté ils nous offrent le moyen d'abattre pour toujours la brutalité et garantir ainsi l'évolution paisible, fraternelle de l'humanité.

Cette conflagration sera sans doute la dernière épreuve, le dernier sacrifice que la fatalité aura imposé à l'humanité pour qu'elle puisse enfin opérer sa complète rédemption et vivre heureuse jusqu'à la consommation des siècles.

**De la tolérance religieuse.** — L'intransigeance religieuse devient absolument inadmissible à l'époque actuelle où des peuples qui professent des principes religieux différents luttent fraternellement pour le même idéal.

Ce serait même un crime que de conserver dans notre intérieur la moindre hostilité, ne fût-ce que spirituelle, envers ceux qui ont versé leur sang pour défendre nos intérêts, nos libertés.

Aussi nous avons l'obligation de considérer toutes les religions, toutes les différentes confessions religieuses également dignes de respect, de considération, de déférence.

Elles méritent d'ailleurs toutes cette déférence car chaque religion, chaque école représente les besoins, les aspirations spirituelles des peuples qui les ont adoptées ; et leurs prophètes, leurs chefs procèdent au fond de la même essence divine car tous indistinctement vénèrent la même force toute-puissante, mystérieuse qui régit l'Univers et que l'on appelle Dieu.

Toutes les religions, toutes les écoles religieuses ont leur utilité sociale et tant qu'elles conservent des adeptes elles ont le droit d'être respectées et considérées.

Mais elles ne doivent point entraver le rapprochement des peuples par leur rigidité, par leur intransigeance, car alors elles deviendraient dangereuses pour l'ordre social et les gouvernements seraient forcés de prendre des dispositions opportunes pour les empêcher de nuire.

La religion chrétienne qui proclame la fraternité des hommes et des peuples augmentera considérablement son prestige et finira par absorber toutes les autres religions si elle se fait le soutien décidé de nos réformes qui tombent d'ailleurs sous le domaine de sa morale.

# Conclusion.

C'est indiscutablement mon amour pour tous les humains sans aucune distinction de classe, de patrie et de race, qui m'a incité à poursuivre mes recherches sur les origines profondes de la guerre et à proposer les solutions que je viens d'indiquer.

Je m'empresse de déclarer que je ne ressens de la haine pour personne car j'estime que nous sommes tous les victimes inconscientes de la fatalité, des circonstances et pour cela tous également dignes de pitié et d'intérêt.

Je combats les systèmes, point les hommes, et je ne déteste que la brutalité à laquelle j'ai déclaré une guerre impitoyable, sans merci, et je suis d'avis qu'il ne faut épargner aucun effort, aucun sacrifice pour la terrasser, pour l'anéantir définitivement.

En écrivant ce livre j'ai été animé en premier lieu par le désir d'apporter une aide morale aux nations alliées qui défendent les principes démocratiques, les libertés des peuples ; seuls progrès tangibles dont puisse s'honorer l'humanité.

Ensuite dans l'intention de précipiter la fin de cette guerre en lui donnant une solution qui puisse satisfaire tous les belligérants à la fois.

Nous éviterons ainsi les rancunes et nous établirons au contraire des liens d'intérêts, de considération, de cordialité.

Enfin j'ai été animé par l'ardent désir de supprimer les obstacles qui s'opposent à la réalisation de cet idéal d'union, d'amour et de fraternité qui a été de tous les temps la préoccupation de tous les gens de cœur et qui constitue aujourd'hui l'aspiration de tout le monde en même temps qu'une nécessité impérieuse.

En obligeant les individus des différentes classes sociales à se fréquenter constamment en public, nous les plaçons dans la possibilité de pouvoir se connaître, s'apprécier, s'aimer réciproquement et la fraternité des peuples deviendra une réalité.

Il ne faut pas que le contact se produise seulement à l'heure du malheur ; il faut qu'il se produise à toutes les heures de la vie si l'on désire sincèrement que l'union sacrée persiste après la guerre.

Nos réformes n'imposent aucun sacrifice d'argent à la bourgeoisie ; elles suppriment simplement les obstacles qui les empêchaient de témoigner toute leur immense gratitude, toute leur profonde sympathie envers ceux qui peinent pour lui embellir la vie.

Nous avons la conviction absolue que nos réformes obtiendront le suffrage de tous les peuples, de tous les partis, de tous les individus puisqu'elles réalisent le bonheur de tout le monde indistinctement.

Ces réformes consacrent définitivement la propriété privée et assurent la suprématie de la bourgeoisie qui prendra un nouvel éclat, une nouvelle vigueur.

Par nos réformes nous consolidons tous les régimes existants, soit qu'il s'agisse par exemple de la Russie ou de la Chine ; nous délivrons celle-ci de son ennemi extérieur : le militarisme européen, et nous délivrons celle-là de son ennemi intérieur : la démagogie.

Ces réformes heureuses désarment en même temps le militarisme, la réaction et la démagogie : elles éliminent les éléments de dissolution et provoquent l'union sacrée de tous les partis et de tous les peuples.

Mais la classe sociale qui sera sans aucun doute la plus avantagée par ces grandes réformes, ce sera la classe moyenne composée de petits rentiers, professeurs, instituteurs, intellectuels et artistes de toutes les catégories, de petits commerçants, de petits industriels, employés publics et privés.

Les petits rentiers deviendront soudainement plus riches, se trouvant déchargés des frais d'exhibition qui leur étaient imposés par les exigences tyranniques de la mode.

Ils pourront jouir paisiblement, agréablement de leurs rentes modestes et coudoyer, fréquenter sans honte les riches patriciens car les barrières qui les séparaient seront brisées pour toujours.

Les professeurs, instituteurs, intellectuels et artistes de toutes les catégories verront dans ces grandes réformes leur glorification et leur complète émancipation : ils se trouveront délivrés de l'obligation de faire de l'ostentation, du luxe qui les exposait bien souvent à des humiliations, à des avilissements et les condamnait à un travail excessif, souvent contraire à leurs inclinations, travail qui ravageait leur santé et déformait leur génialité.

Délivrés des exigences coûteuses de la mode, les petits négociants et les petits industriels pourront mener une vie paisible, saine ; ils pourront faire des économies et se retirer après quelques années de travail dans la force de l'âge et jouir ainsi efficacement du fruit de leurs efforts.

Tandis qu'avant la grande majorité des négociants, industriels végétait toute la vie, rançonnée, appauvrie par les exigences impitoyables de la mode qui dissipait toutes ses économies et les rares personnes favorisées par le sort qui pouvaient se retirer à un âge généralement fort avancé étaient le plus souvent tellement surmenées, tellement éreintées que leurs rentes devaient servir pour soigner leurs infirmités.

Les employés publics et privés pourront aussi réaliser des économies, prendre quelques loisirs, assurer leur bien-être et celui de leurs familles.

La femme se trouvera délivrée du cancer de la mode qui rongeait, dissipait, engloutissait toutes les économies du foyer et mettait en péril l'avenir de ses enfants, la tranquillité, la santé et quelquefois l'honneur même de son époux car l'ostentation et le luxe sont les plus terribles ennemis de la vertu de la femme et par reflet de la dignité de tout le monde.

Ce sera la réhabilitation de la famille, de l'amour, de toute la société.

Ce sont les classes moyennes qui réclament tout spécialement ces réformes ; elles possèdent aujourd'hui la même éducation, la même instruction, la même distinction que les classes aisées et dans ces conditions elles méritent de les coudoyer, de les fréquenter et non d'être tenues systématiquement à l'écart, d'être avilies, méprisées.

Les classes moyennes sont aujourd'hui indiscutablement les plus utiles dans la société et cette supériorité compense largement la supériorité de la richesse ; il s'établit par conséquent un équilibre de forces, de prérogatives, de droits qui doit se manifester dans tous les actes de la vie publique.

Les classes moyennes ont aussi de grandes attaches chez les travailleurs manuels et ne veulent pas être obligées d'éviter, de mépriser involontairement leurs amis et souvent même leurs frères, leurs propres parents.

Les travailleurs manuels de toutes les catégories verront dans ces réformes, leur réhabilitation complète ; ils pourront eux aussi fréquenter sans honte toutes les classes sociales et ils seront en même temps délivrés d'un travail excessif qui les épuisait, qui les abrutissait et les empêchait de jouir de tous les bienfaits de la civilisation dont ils sont eux-mêmes le principal facteur.

Ce sera la glorification du travail intellectuel et manuel qui est la source de tous les progrès et digne par là de tous les honneurs, de toutes les considérations.

Ces admirables réformes permettront d'abattre, d'un côté l'orgueil et le mépris, de l'autre côté la haine et la révolte ; elles éviteront ainsi les conflits à l'intérieur et à l'extérieur des nations.

La paix régnera souveraine dans l'humanité et les peuples pourront atteindre paisiblement un degré toujours plus haut de perfection et de bonheur.

Ces grandes réformes seront enfin la juste récompense que les gouvernements des pays belligérants offriront à leurs braves soldats qui ont défendu les droits de la patrie, de la civilisation.

Les fils du peuple et de la bourgeoisie qui ont combattu fraternellement pendant de longs mois dans les mêmes tranchées ; qui se sont aidés, protégés mutuellement, auront la possibilité, une fois rentrés dans la vie civile, de se retrouver, de se fréquenter sans honte et de célébrer ensemble leurs prouesses, leurs actes d'abnégation.

Nous devons absolument éviter que nos héros une fois rentrés dans la vie civile soient obligés de s'esquiver et de renier ainsi les plus nobles sentiments dont s'honore l'humanité : la gratitude, la reconnaissance.

# ÉVOLUTION DES MŒURS.

## A TRAVERS LES AGES

# Introduction.

Puisque nous avons présenté au public un projet de réformes sociales nous jugeons utile de lui soumettre en même temps une étude sommaire sur l'évolution des mœurs sociales et politiques des principaux centres de civilisation.

Nous demandons toute l'indulgence aux hommes de science si cette étude est incomplète et si elle présente de grandes lacunes ; mais ces Messieurs doivent considérer qu'elle a été conçue dans une époque anormale et sous la pression d'événements tragiques qui ne laissaient guère le temps d'approfondir des études aussi compliquées.

Nous n'avons pas eu le temps ni de revoir, ni de consulter aucun livre et nous avons dû faire appel simplement à notre mémoire, à notre intuition et à notre esprit de logique.

Cette étude a été notre guide dans la rédaction de la Grande Réforme. Il fallait d'abord connaître les conditions morales des peuples pour être à même de leur présenter des règles de conduite en conformité avec leurs aspirations et leurs nécessités.

C'est très utile que cette étude soit connue par le public ; elle nous dira que les conditions spéciales d'existence de chaque milieu ambiant tracent les traits caractéristiques des nations, indépendamment de la volonté des peuples qui ne sont, par conséquent, point responsables ni de leurs qualités, ni de leurs défauts.

Ces constatations serviront pour détruire les préjugés et répandre l'esprit de tolérance qui favorisera à son tour l'éclosion des sentiments les plus nobles et les plus fraternels.

Les réformes que nous avons signalées permettront par elles-mêmes d'améliorer les conditions morales et matérielles des peuples, c'est-à-dire de conserver ce qui est bon et de rejeter ce qui est mauvais ; mais il est cependant avantageux de mettre en évidence les traits les plus nobles et les plus utiles à l'évolution des peuples pour que ceux-ci puissent les apprécier et les faire pénétrer plus facilement dans leurs mœurs.

Avant de commencer ma nouvelle étude, je produirai un article sur la culture allemande et l'Italie qui se rapporte plus spécialement à la guerre et sort du thème exclusivement scientifique que nous allons développer dans la suite.

En ma qualité d'Italien, j'ai le devoir et je sens la nécessité de mettre en relief la noble conduite de l'Italie dans la conflagration actuelle.

# L'Allemagne et l'Italie.

La prétention des Allemands de vouloir imposer au monde entier leur culture qu'ils proclament supérieure est tout simplement absurde et elle nous révèle une conscience complètement aveuglée par un orgueil insensé.

Quel exemple ont-ils donné de leur culture supérieure ?

Commercialement, ils ont démontré un manque total de scrupules et de prévoyance.

Ils ont brisé les saines traditions du commerce dans le seul but de s'enrichir sans s'arrêter à aucune considération envers les autres peuples qu'ils ruinaient moralement et matériellement.

Ils n'ont pas compris que leur détestable système de commerce était contraire aux règles les plus élémentaires de la prudence ; ils n'ont pas su prévoir que ce système devait fatalement les conduire eux-mêmes au désastre.

Politiquement, ils nous ont donné la preuve d'un sans-gêne sans précédents.

Ils n'ont eu aucun scrupule à violer honteusement leurs engagements en envahissant la pauvre Belgique et d'attaquer la France en se servant d'un mensonge.

Mais ce qui nous a complètement édifiés sur la supériorité de la culture allemande, c'est leur conduite odieuse envers cette malheureuse Belgique.

Même en admettant les raisons de suprême nécessité qu'ils ont invoquées, ils auraient dû, tout au moins, avoir certains égards envers les victimes de cette nécessité soi-disant fatale, inéluctable.

Mais que peut-on espérer d'un peuple qui laisse circuler librement certaines littératures qui érigent la brutalité en dogme; littératures qui empoisonnent, pervertissent la conscience publique ?

Aussi, jamais on n'a vu plus d'acharnement, plus de férocité envers un peuple qui a commis l'unique crime de défendre son honneur, son indépendance.

Les Allemands avaient une exubérance de forces pour enrayer toute tentative de sédition sans qu'il fût nécessaire d'humilier, d'outrager, de vexer, de massacrer des populations inermes et de rançonner, saccager, brûler des villes.

Les règles les plus rudimentaires de la délicatesse, de la noblesse, de la justice, de l'humanité leur imposaient de procéder avec une certaine indulgence envers un peuple qu'ils avaient injustement attaqué, envahi, violé ; cela aurait peut-être atténué leurs torts aux yeux de l'humanité.

Ce fut tout le contraire.

Et après une conduite aussi odieuse, aussi criminelle, ils s'étonnent que l'opinion publique du monde entier leur soit défavorable et ils osent encore parler de la supériorité de leur culture !

Ils ne comprennent donc pas qu'avec leur attitude brutale ils ont offensé, outragé, blessé l'humanité entière ?

Ce sont leurs gestes de Belgique qui ont indigné tous les Italiens et qui les ont poussés à la guerre malgré tous les intérêts qui les attachaient à l'Allemagne.

En ma qualité d'Italien, je ne veux pas que l'on croie que nous sommes partis en guerre contre l'Autriche dans un but égoïste de revendications territoriales.

Non, ce serait faire une atroce injure à l'honneur, à la noblesse du caractère italien.

La guerre contre l'Autriche n'était au fond qu'un prétexte

et le but véritable était d'atteindre le militarisme allemand que nous considérons tous comme étant l'ennemi du genre humain.

Ce sont les faits de Belgique qui ont soulevé l'indignation, la colère de tous les Italiens et le gouvernement s'est trouvé dans l'impérieuse nécessité de déclarer la guerre à l'Autriche pour donner une satisfaction à l'opinion publique italienne.

Quand la vérité sur les atrocités commises en Belgique s'est répandue en Italie, tout le peuple italien a ressenti un frémissement d'horreur, de dégoût, et la guerre était devenue inévitable; nulle force humaine n'aurait pu l'éviter.

Il faut que l'Allemagne et le monde entier connaissent la vérité sur le réel sentiment du peuple italien et cela pour le plus grand honneur, pour la plus grande gloire de la nation italienne.

Dans cette guerre, l'Italie doit être placée au-dessus de toutes les nations alliées, même au-dessus de l'héroïque Belgique et de la malheureuse Serbie, car celles-ci ont été poussées à la guerre pour défendre leur honneur et leur territoire ; tandis que l'Italie est partie en guerre stimulée par l'unique désir de défendre l'honneur des autres peuples et pour sauver la civilisation.

Dans cette guerre, l'Italie fait la figure d'un Don Quichotte à l'âme noble, généreuse, désintéressée, qui part en guerre rien que pour défendre les faibles, les opprimés, les droits violés, les intérêts des autres.

L'Allemagne sait parfaitement qu'aucun pays au monde n'aime autant le peuple allemand que l'Italie ; nombre d'Italiens ont épousé des Allemandes ; une quantité énorme de personnes ont fait leurs études en Allemagne et savent par conséquent apprécier ses qualités ; commercialement et industriellement, nous sommes étroitement liés avec elle ; beaucoup d'Italiens étaient employés en Allemagne et vice versa.

Les Allemands considèrent l'Italie comme le prolongement de

leur patrie et pour eux un voyage dans notre pays a toujours été considéré comme le plus beau des rêves.

Dans nos hôtels, dans nos chemins de fer, dans nos villes, dans tous les coins d'Italie, on rencontrait des Allemands qui se considéraient, avec raison, comme chez eux et nous étions très fiers, très heureux de les recevoir.

Nous aimons donc sincèrement le peuple allemand : mais ce que nous détestons de toutes nos forces, c'est leur militarisme qui s'est révélé sous la forme la plus brutale, la plus odieuse, la plus cynique que l'on puisse s'imaginer.

Tous les Italiens considèrent actuellement le triomphe, la survivance du militarisme allemand comme la plus grande calamité qui puisse affliger l'humanité et comme le plus grave danger pour eux-mêmes ; et c'est à cause de cela que malgré toute leur sympathie envers le peuple allemand et malgré tous les intérêts économiques, ils ont rendu la guerre inévitable.

L'Italie a été trop imprégnée par les principes régénérateurs de la Révolution française pour pouvoir admettre le triomphe du militarisme allemand qui est la négation de toutes les libertés ; en Allemagne, on traite encore les gens du peuple comme des esclaves ; tandis que nous avons l'habitude d'être traités en hommes libres.

Le souvenir du despotisme autrichien ne s'est point effacé de notre mémoire, et ce souvenir nous fait encore frémir de rage et d'indignation, et je parle ici de tous les Italiens indistinctement depuis notre roi jusqu'au dernier paysan.

Nous supposions en Italie que ces temps calamiteux avaient définitivement disparu, mais l'attitude brutale, cynique du militarisme allemand nous a fait comprendre que nous nous étions leurrés.

C'est donc la guerre à mort que tous les Italiens déclarent au militarisme allemand, et que l'on ne se fasse donc point des illusions en Allemagne sur le sentiment réel du peuple italien.

Il faut que Messieurs les Allemands parviennent à comprendre que la supériorité de culture d'un peuple réside dans sa noblesse, dans sa délicatesse, dans son respect envers les autres peuples, envers ses propres engagements, et non dans la brutalité, dans l'arbitraire et dans une cupidité insatiable.

# De la suprématie des nations.

Quelle est la nation qui mérite d'être considérée comme supérieure ?

Celle dont les citoyens auront atteint un degré plus haut de bonheur.

En quoi consiste le bonheur d'un citoyen ? Dans la santé et dans l'amour de ses semblables.

La santé est indispensable au bonheur matériel de l'individu et la considération, le respect, l'amour de son prochain est indispensable à son bonheur moral.

En partant de ces deux **principes absolus** du bonheur, nous allons examiner les conditions d'existence des divers centres de civilisation, et cet examen nous permettra de découvrir quelle est la nation qui marche à la tête de la civilisation.

Mais avant de commencer le tableau comparatif des différents centres de civilisation, nous allons produire une étude sur les sources du bonheur.

# Les sources du bonheur.

Quelles sont les sources du bonheur ? Nous venons de le dire au chapitre précédent : la santé et l'amour de notre prochain.

**La santé.** — Quelle est la condition indispensable pour jouir d'une bonne santé ? De pratiquer les règles de la sobriété, c'est-à-dire de ne tomber jamais dans les excès ; de garder la juste mesure dans tous les actes de la vie : dans la nourriture, dans l'amour, dans le travail, dans tout.

La sobriété est indiscutablement la qualité la plus utile et en même temps la plus difficile à posséder.

Dans la vie nous sommes entourés d'une foule de tentations qui nous conseillent le désordre et il devient excessivement difficile d'y résister.

Celui qui aura reçu une éducation solide pourra dans une certaine mesure se défendre contre les tentations de la vie ; mais combien sont-elles les personnes qui ont reçu une éducation solide ?

Elles constituent l'infime minorité ; il faut les rechercher dans la noblesse et dans la vieille bourgeoisie.

Les animaux possèdent un bon sens naturel qui leur fait éviter instinctivement les dangers, les désordres ; chez l'homme civilisé, cet instinct naturel se trouve considérablement affaibli.

A quoi devons-nous attribuer cet affaiblissement ?

Nous devons l'attribuer à notre éloignement de la vie de nature et spécialement à l'usage des excitants : liqueurs, boissons fermentées, thés, cafés, etc.

Les excitants nous obligent de produire un effort supplémentaire qui interrompt le fonctionnement normal de notre organisme, qui brise le cours régulier de nos fonctions naturelles et qui désempare en même temps notre jugement intuitif, notre instinct de conservation.

Qu'est-ce que l'instinct de conservation ou notre jugement intuitif ? C'est la partie impondérable de notre organisme ; c'est le fluide vie qui anime la matière et qui a son centre directif dans le cerveau.

Le fluide vie ou instinct de conservation est le protecteur naturel de notre organisme ; c'est lui qui lui indique ce qui est favorable ou nuisible à son développement normal.

Pour que l'instinct de conservation soit à même d'indiquer à l'organisme ce qui lui est favorable ou nuisible, il faut qu'il se trouve non seulement en rapport direct, en contact intime avec le monde intérieur, mais encore en rapport direct, en contact intime avec le monde extérieur.

Notre jugement intuitif se développe en même temps que l'organisme et il acquerra le maximum de puissance quand il aura une connaissance profonde de son milieu ambiant, du monde extérieur.

Si un phénomène quelconque vient à troubler l'ordre naturel des choses, notre jugement intuitif se trouvera désemparé et il sera incapable de nous tracer une règle de conduite.

Transportons par exemple un animal de l'hémisphère boréal à l'austral, au milieu d'une végétation, d'une faune différentes ; l'instinct de cet animal se trouvera complètement désemparé par le renversement des saisons et par les nouvelles conditions d'existence ; il ne saura plus s'orienter et l'animal risquera de périr.

Dans l'ordre moral, il se vérifiera le même phénomène.

Si un enfant est souvent réprimandé à tort, son jugement intuitif se trouvera désemparé et il ne saura plus comment se régler.

Revenons à présent au monde intérieur.

Si nous introduisons dans notre organisme un excitant qui vienne briser l'équilibre de nos fonctions naturelles, notre jugement intuitif perdra lui aussi son équilibre et ne saura plus nous conseiller d'une manière efficace.

Pour conserver dans toute sa puissance, dans toute son intégrité, notre instinct de conservation, notre bon sens naturel, il faudrait vivre à l'état de nature comme les sauvages, comme les animaux ; il faudrait s'habituer aux intempéries, boire de l'eau et suivre un régime d'alimentation invariable, ataviquement indiqué comme étant le plus propice à la conservation de l'espèce.

Ne pouvant pas remplir toutes ces conditions, l'instinct des animaux domestiques se trouve aussi sensiblement affaibli.

Dans l'état actuel de notre civilisation, l'homme a beaucoup de peine à suivre les règles de la sobriété parce qu'il n'a pas en lui-même une direction sûre ; il se trouve pas conséquent exposé à commettre continuellement des excès qui empoisonnent lentement son existence et provoquent une infinité de maladies ; dans ces conditions, il sera constamment en butte aux souffrances et il vivra très malheureux.

Si l'homme désire vivre heureux, il faudra qu'il retourne progressivement à l'état de nature.

En attendant que cette évolution bienfaisante s'accomplisse, l'homme pourra recourir au régime naturel quand il se trouvera dans un état d'épuisement grave, quand il se verra menacé d'une maladie.

Un organisme épuisé doit être mis en état de repos pour qu'il puisse rétablir ses forces ; si nous l'obligeons quand même à l'action par des excitants, par des tonifiants, nous arrêtons le travail de restauration et nous l'épuisons toujours plus.

Sous l'action des excitants, l'organisme acquerra une vigueur momentanée qui nous donnera l'illusion de la force ; mais aussitôt que l'action de l'excitant sera passée, il tombera dans une prostration bien plus considérable qui amènera l'usure rapide de cet organisme et le rendra accessible à toutes les maladies.

Quand nous nous sentons épuisés, malades, le système le meilleur et le plus sûr de guérison est d'abandonner soudainement tous les excitants et de se mettre à l'eau.

Par ce changement brusque dans nos habitudes, il se produira pendant un certain temps un surcroît de prostration, mais ce sera une prostration bienfaisante qui amènera la guérison.

Privé des excitants qui stimulaient artificiellement nos forces déjà déprimées et augmentaient ainsi toujours plus notre épuisement, le corps se trouvera condamné à un repos salutaire qui produira lentement mais sûrement la reconstitution de nos organes délabrés.

Ce système économique de curation non seulement nous permettra de récupérer complètement notre santé, mais il produira en même temps un autre résultat tout aussi merveilleux.

Placé sous l'influence des seuls agents réparateurs naturels : le repos et la nourriture, l'individu se trouvera dans un contact plus intime avec la nature, avec son monde intérieur et extérieur et il recouvrera progressivement, lentement, son jugement intuitif, le bon sens naturel qui lui fera fuir instinctivement le danger.

Dans ces conditions, il ne pourra plus tomber dans les mêmes excès qui avaient jadis épuisé ses forces et il vivra le restant de ses jours sain et heureux.

Pourquoi avons-nous introduit les excitants dans nos habitudes ? Parce qu'ils sont devenus nécessaires.

Qu'est-ce qui a produit cette nécessité ?

Le manque des deux réparateurs naturels les plus indispensables au fonctionnement normal de notre organisme : le manque d'air pur et d'un repos suffisant.

Notre civilisation a condamné une grande partie des populations à vivre parquées dans des villes où elles ne peuvent point profiter de ces deux agents réparateurs.

Dans les villes, on travaille renfermés dans des maisons, dans des usines où l'air vicié au lieu d'aviver nos énergies les déprime.

Les exigences tyranniques de la vie nous condamnent à un travail excessif, épuisant, qui nous prive du repos nécessaire au rétablissement normal de nos forces.

Le manque d'air pur et d'un repos suffisant nous place dans un état permanent d'épuisement, de prostration, et nous avons besoin d'une suralimentation pour ranimer nos forces.

Cette suralimentation finit par fatiguer nos fonctions diges-tives et nous sentons la nécessité de les stimuler par l'usage des excitants.

Ceux-ci servent encore pour ranimer momentanément nos forces épuisées et voilà comment ils ont pu se rendre indispen-sables.

Les gens de la campagne qui ne manquent généralement ni d'air pur, ni d'un repos suffisant ne sentent point le besoin d'une suralimentation ; aussi ils se contentent d'une nourriture simple, frugale, et chez eux l'usage des excitants a été introduit par les habitants des villes et ne constitue point une nécessité.

Il est indiscutable que toutes les maladies proviennent par des désordres dans les fonctions digestives qui se trouvent dans l'impossibilité de rétablir l'équilibre de nos forces organiques et ces désordres sont le produit des excès dans la nourriture.

Pour que les populations urbaines puissent jouir d'une bonne santé, il est indispensable de moderniser complètement nos vil-les ; de donner de l'air, de l'espace, de la lumière aux habitations, aux usines.

Il est encore indispensable de réduire les heures de travail à des limites qui laissent aux travailleurs le temps de prendre un repos suffisant.

Mais pour que ces conditions puissent s'effectuer, il faudra nous délivrer des exigences tyranniques de la mode qui nous imposaient un travail excessif et qui nous obligeaient à employer toutes nos énergies à la production du superflu, ce qui nous empêchait de construire des habitations hygiéniques pour les classes laborieuses.

Quand les populations se trouveront soumises à des conditions normales d'existence, elles ne sentiront plus la nécessité ni de ranimer sans cesse leurs forces par des excitants, ni de s'en servir pour stimuler un estomac délabré.

L'usage des excitants tombera peu à peu en désuétude et l'homme acquerra graduellement la pleine possession de son jugement intuitif qui lui fera éviter instinctivement les excès; il pourra ainsi vivre sain et heureux.

Notre réforme sur l'habillement nous permettra d'atteindre rapidement ces magnifiques résultats : d'offrir aux individus le bonheur matériel, la santé.

**L'amour de notre prochain.** — Pour jouir d'une bonne santé il faut pratiquer la sobriété, et pour posséder l'amour, l'estime de notre prochain, il faut pratiquer la modestie.

La sobriété et la modestie poursuivent le même but : elles nous protègent contre les excès : l'une au point de vue matériel, l'autre au point de vue moral.

Quels sont les excès au point de vue moral ? L'orgueil et ses dérivés : la vanité, la présomption, l'ostentation, etc., etc.

Qu'est-ce que l'orgueil ? Une fausse opinion de soi-même ; la manie d'exagérer nos qualités ; de nous croire et de vouloir paraître plus que nous ne sommes en réalité.

De même que la sobriété la modestie est une des qualités les plus utiles et des plus difficiles à posséder.

L'amour de notre prochain ne vient pas à nous spontanément ;

il faut savoir le mériter par une attitude bienveillante, modeste, déférente ; et c'est justement tout le contraire que nous faisons généralement.

Ceux qui occupent une position privilégiée dans la société, et je parle ici de toutes les catégories sociales indistinctement, font sentir durement leur supériorité par une attitude hautaine, par une certaine morgue, par une certaine raideur dans le geste, dans la parole.

Or, ce qui choque le plus ceux qui sont au-dessous de nous et nous les rend hostiles, ce sont justement ces attitudes autoritaires qui représentent une offense à la dignité des moins favorisés.

Notre intérêt bien entendu, notre tranquillité, notre bonheur nous conseillent au contraire une attitude déférente, bénévole, tolérante, humble envers ceux qui sont au-dessous de nous pour leur faire oublier les injustices du sort qui nous a gratifié des richesses ou de l'intelligence, de la beauté, de la force, de l'énergie et de beaucoup d'autres qualités et faveurs.

C'est l'unique moyen pour désarmer la jalousie, le dépit, la colère, la rage, la vengeance, la calomnie, et pour nous créer un milieu ambiant de gratitude, de dévouement, de sincérité, de solidarité, d'amitié, qui embellira notre existence et nous rendra réellement heureux.

Même quand on possède des qualités positives, il n'y a aucun intérêt à les étaler avec fracas et à se donner un air de supériorité, car cela empêche que ces qualités soient appréciées et même admises par certaines natures simples, modestes, délicates, qui ne peuvent point supporter l'arrogance et finissent par nier à tort les dons que nous possédons réellement.

La modestie ne nous est pas seulement conseillée par notre intérêt personnel, mais encore elle nous est imposée par une question de droit collectif, c'est-à-dire que la collectivité a le

droit d'exiger de la part de chaque citoyen le respect, la déférence envers ses concitoyens.

L'individu ne devrait jamais oublier qu'il est redevable de
toutes les qualités et faveurs dont il jouit à la collectivité; donc
il a le devoir sacré de se montrer humble, affable, reconnaissant
envers tous les individus indistinctement, car tous coopèrent
à son développement moral et physique.

Sa même structure intellectuelle et physique est l'œuvre de
la sélection lente, progressive des générations précédentes.

Tout le bagage scientifique qu'il parviendra à s'assimiler est
encore l'œuvre de l'effort intellectuel de ses prédécesseurs et de
ses contemporains.

Son caractère, ses mœurs, ses conceptions sont puisés dans
le milieu ambiant où il vit.

Il est redevable de son bien-être moral et matériel à la collectivité, donc il n'a aucun droit de se montrer orgueilleux.

Il doit, au contraire, se montrer presque honteux des qualités
qu'il possède et tâcher par une attitude simple, modeste, bienveillante de faire oublier les injustices du sort.

La modestie nous est donc conseillée par une question d'intérêt personnel bien compris et par une question de devoir moral
envers la collectivité.

Voilà de bons conseils sur la modestie qu'une infinité de sages
n'ont fait que répéter depuis les temps les plus reculés, mais
qui malheureusement n'ont pas produit des effets bien sensibles.

Si les bons conseils sur la modestie n'ont pas donné des résultats satisfaisants, la faute en est aux conditions d'existence des
peuples qui n'étaient point favorables à l'application de ces
sages conseils et nous aurons l'occasion de le voir dans les chapitres suivants.

Pour que les individus soient humbles, tolérants, déférents,
il faut qu'ils puissent se connaître, s'apprécier réciproquement,

et cela n'est point possible sans le contact continuel des individus appartenant aux différentes classes sociales.

Nos réformes complémentaires, qui imposent justement ce contact et notre réforme sur l'habillement, qui permet aux individus de se fréquenter sans honte réciproque, provoqueront des relations cordiales, déférentes ; et, dans ces conditions, l'orgueil cédera la place à la modestie et l'amour régnera souverain dans la collectivité.

# L'Espagne.

La supériorité et le progrès d'une nation ne consistent point dans le bien-être moral et matériel d'une petite minorité aristocratique, mais dans le bonheur du plus grand nombre.[1]

Je prétends que l'Espagne a dépassé tous les peuples dans cette évolution foncièrement démocratique, donc elle serait la nation la plus civilisée.

J'affirme que le peuple espagnol est le plus heureux, c'est-à-dire que son niveau moral et matériel est supérieur à celui de tous les autres peuples de la terre ; et je vais le prouver.

Quand nous parlons du peuple, nous nous référons aux classes laborieuses qui constituent la grande majorité de la population dans tous les pays.

En ce qui concerne le niveau matériel des classes laborieuses, je ne fais point allusion à leur richesse puisqu'il s'agit de gens sans fortune qui travaillent pour gagner leur vie, et tous les travailleurs de la terre se trouvent dans les mêmes identiques conditions.

Il ne s'agit pas non plus des appointements, des salaires, ne pouvant point établir un tableau comparatif exact ; car il faudrait considérer les appointements, les salaires par rapport à la sobriété, aux goûts, aux conditions climatériques de chaque pays pour savoir s'ils sont plus ou moins suffisants, ce qui est presque impossible à établir.

Quand je parle du niveau matériel, j'entends désigner les qualités physiques des classes laborieuses : leur santé, leur beauté, leur force, leur résistance.

Et quand je parle du niveau moral, je m'en réfère à leurs conditions morales d'existence et à leurs qualités psychiques : leur culture esthétique, leur douceur, leur délicatesse, leur équilibre moral.

Or, je prétends que les classes laborieuses espagnoles dans leur ensemble sont plus saines, plus belles, mieux traitées, plus distinguées, plus délicates, plus équilibrées que celles de tous les autres pays.

Si elles sont plus saines, cela nous indiquera que leurs conditions matérielles d'existence sont meilleures.

Si elles sont plus belles, cela signifie que leur vie est plus agréable, plus harmonieuse.

Si elles sont mieux traitées, cela nous indiquera qu'elles jouissent de plus de liberté, de plus d'indépendance, de plus de considération.

Si elles sont plus distinguées, plus délicates, plus équilibrées, nous devons admettre qu'elles ont reçu une éducation plus affinée, plus artistique, plus rationnelle.

Que les classes laborieuses espagnoles soient plus saines et plus belles, cela se conçoit facilement en examinant leur aspect physique.

Vous verrez généralement des corps bien proportionnés, souples, résistants, des dents splendides, des cheveux abondants qui grisonnent à un âge fort avancé et tombent rarement ; vous verrez des regards vifs, intelligents, expressifs, et ce qui vous donne une preuve éclatante de leur santé et de leur beauté, c'est la gaîté et le sourire charmeur de ce peuple privilégié.

La gaîté signifie la satisfaction morale et matérielle de l'individu, sa santé complète ; mais à la condition que cette gaîté ne soit pas le résultat de l'ivresse alcoolique ; or, la race espagnole est excessivement sobre.

La beauté, le charme du sourire ne peut être que le résultat de l'harmonie des formes et de la douceur, de la noblesse de l'âme.

Dans tous les peuples, vous trouverez de beaux sourires ;

9

mais ce qui est la rareté, l'exception dans tous les autres pays, constitue en Espagne la généralité, l'abondance.

Ceux qui ont eu l'occasion de visiter ce pays merveilleux et d'observer le peuple espagnol, ont pu remarquer partout des créatures qui respirent la santé ; mais ce qui les aura surtout frappés, c'est l'expression séduisante de leurs physionomies aussitôt qu'elles s'animent.

Ainsi, à l'état normal, un visage nous paraîtra banal, insignifiant, mais aussitôt qu'il s'anime, vous le trouverez ravissant, spécialement s'il ébauche un sourire.

C'est que l'Espagnol possède la beauté émotive qui est le reflet de la beauté de l'âme, de l'esprit, et cela nous prouve que le peuple espagnol est très intelligent, doux, délicat.

Rarement vous verrez en Espagne le type de la beauté classique gréco-romaine aux lignes pures, correctes ; mais en revanche vous trouverez partout la beauté de l'expression qui est indiscutablement celle qui plaît le plus à une époque où l'intelligence triomphe sur la matière, sur la force, sur la plastique.

Que les classes laborieuses soient traitées avec plus de douceur, plus d'amitié, plus de déférence; cela est encore une grande vérité.

Tous les voyageurs de commerce français, allemands, anglais, italiens, etc. qui ont visité l'Espagne ont été agréablement surpris de l'accueil cordial, respectueux qu'ils ont reçu de la part des négociants et de la population espagnole et ils ont pu constater que ces mêmes négociants traitaient avec la même déférence leurs propres employés.

Quelle différence avec la morgue de nos négociants, de nos industriels, qui traitent voyageurs et employés d'un air hautain, froid, rigide, qui nous rappelle la distance entre le maître et l'esclave.

Les mots de liberté, d'égalité, de fraternité sont écrits sur les monuments publics de la France, tandis qu'en Espagne ils ont pénétré dans la conscience publique.

A quoi devons-nous attribuer les mœurs sociales foncièrement démocratiques, humanitaires de l'Espagne ?

Nous devons l'attribuer aux conditions spéciales d'existence dans lesquelles s'est développée la race espagnole.

L'Espagne possédait des colonies très fertiles, très riches et presque dépeuplées ; et les individus les plus courageux, les plus entreprenants allaient chercher fortune dans ces colonies où leurs efforts étaient toujours largement récompensés.

La péninsule se dépeuplait et les patrons des fermes, des fabriques, se voyaient dans l'obligation de faire des concessions et de traiter cordialement leurs employés pour les retenir en Espagne.

C'est la nécessité qui imposa cette déférence du supérieur envers l'inférieur et provoqua chez le peuple espagnol cet esprit de fierté et d'indépendance qui est la caractéristique de leur race.

L'Espagnol considère même, à présent, ses anciennes colonies comme étant la prolongation de sa patrie ; il sait parfaitement que là-bas il pourra toujours gagner avantageusement sa vie ; et c'est pour cela qu'il conserve un certain esprit d'indépendance, une certaine dignité de soi-même.

Dans les autres pays d'Europe, les classes laborieuses se sont trouvées dans des conditions complètement opposées.

Il y a peu d'années que l'émigration s'est dessinée dans des proportions sensibles en Allemagne, en Russie, en Italie, etc.

Dans tous les pays de l'Europe continentale, les conditions d'existence des classes laborieuses ont été et sont encore très dures, très pénibles, à cause de la densité plus grande des populations.

Il y a toujours eu un excès de bras, et naturellement les

patrons sont plus exigeants, plus despotiques, et les classes laborieuses plus humbles, plus serviles, moins libres, moins considérées, moins indépendantes.

Cela nous explique pourquoi la France, tout en ayant des mœurs politiques bien plus démocratiques que celles de l'Espagne, ait conservé des mœurs sociales bien plus despotiques que cette dernière nation.

Il ne suffit pas de posséder des institutions démocratiques politiques pour démocratiser rapidement les mœurs d'une nation ; il faut encore que les circonstances intérieures favorisent cette évolution bienfaisante.

Passons à présent à la démonstration de la supériorité esthétique du peuple espagnol.

C'est dans les anciennes colonies espagnoles et spécialement dans la République Argentine, où arrivent de grandes quantités d'émigrants de tous les coins du monde, que l'on peut constater la supériorité d'éducation, de distinction de la race espagnole.

La grande majorité des émigrants qui vont dans l'Amérique du Sud sont des gens de la campagne, des paysans.

Les émigrants qui procèdent de l'Espagne s'emploient bien souvent en qualité de domestiques, cochers de bonne maison, portiers, dans le commerce, etc.

Aussitôt que ces paysans espagnols se mettent un habillement de ville, vous les prenez pour des gens de la bourgeoisie, tellement ils portent le vêtement avec aisance, avec distinction ; on dirait qu'ils y sont habitués.

Dans leur manière de parler et de traiter, vous noterez aussi une certaine finesse, une certaine politesse qui vous charme.

Prenez à présent un paysan italien, français, russe, allemand, etc. ; habillez-les avec des vêtements de ville et vous aurez des figures grotesques, gauches, qui ne savent pas parler, qui n'ont aucune distinction.

Cela nous prouve que l'éducation des classes laborieuses espagnoles est bien supérieure, plus affinée, plus aristocratique que celle que possèdent les travailleurs des autres pays d'Europe.

Où le peuple espagnol puise-t-il cette éducation esthétique?

Ce n'est point à l'école puisque l'Espagne, de ce côté, n'est guère avancée et une grande partie de ses émigrants sont illettrés.

C'est le théâtre qui éduque le peuple espagnol, et voilà le secret de leur supériorité esthétique.

L'Espagne possède un théâtre foncièrement démocratique qui s'appelle *genero chico*, petit genre.

Dans ce théâtre, on représente des espèces d'opérettes généralement en un acte.

Les spectacles se divisent en trois ou quatre sections indépendantes et dans chaque section on donne une de ces opérettes ; de sorte qu'avec quelques centimes on peut assister à une seule section.

Ces pièces théâtrales représentent presque exclusivement des scènes de la vie populaire, soit des villes, soit des champs; elles sont pleines de mouvement, de sentiment et en même temps satiriques et comiques.

Dans ces pièces on met en évidence, on glorifie, on poétise les traits, les gestes, les actions les plus nobles et les plus utiles au développement de la famille et de la société pour qu'on puisse les apprécier et servir d'exemple.

De même on critique, on raille les défauts, les vices et tous les actes nuisibles à l'évolution régulière de la famille, de la société, dans le but de combattre, d'extirper les germes de désordre, de dissolution.

C'est un théâtre éminemment moralisateur.

Ces espèces d'opérettes, à l'exemple des nôtres, sont en partie dialoguées et en partie musicales.

La musique est essentiellement populaire, très suggestive, et elle synthétise bien l'âme de ce peuple plein de poésie, de sentiment, de douceur, de grâce, de volupté, de beauté.

La voix même de l'Espagnol possède un timbre spécial, une vibration chaude, passionnée, voluptueuse, plus harmonieuse, que vous ne rencontrerez nulle part sauf au Portugal qui est d'ailleurs le frère germain de l'Espagne et possède les mêmes qualités, les mêmes vertus à l'état plus rudimentaire.

Ces pièces théâtrales sont encore embellies par des danses populaires pleines de charme, d'élégance et de volupté ; aussi la danse et le chant sont très répandus dans le peuple espagnol.

Tout le monde sait mouvoir, balancer son corps avec grâce, souplesse et distinction ; de même tous les Espagnols ont l'intuition, le goût de la musique et savent moduler leur voix avec sentiment et précision.

Je vous assure que beaucoup de nos grands artistes lyriques auraient de la peine à exécuter les difficultés d'inflexion, de modulation, de vocalise, que la grande majorité des Espagnols exécutent tout naturellement sans aucune étude préparatoire.

Il est bien vrai que le théâtre espagnol leur sert de conservatoire et par l'imitation, par l'absorption graduelle, spontanée, inconsciente, ils arrivent sans aucun effort à posséder les plus belles et les plus nobles qualités d'artistes qui deviennent héréditaires dans la race espagnole.

Tout le monde admet que la musique adoucit, ennoblit les mœurs, les caractères, et que la danse communique au corps la souplesse, la grâce, l'élégance.

Le peuple espagnol, qui possède ces qualités artistiques à un degré infiniment plus élevé que chez tous les autres peuples du monde, doit être considéré esthétiquement supérieur.

Les autres nations ne peuvent pas rivaliser sur le terrain

esthétique avec l'Espagne pour le simple motif qu'elles ne possèdent point un théâtre populaire dans le même genre, susceptible de développer les qualités artistiques et morales des classes laborieuses.

En Europe, on ne connaît point la supériorité du peuple espagnol et les Espagnols eux-mêmes ignorent leurs vertus.

Nous avons généralement de faux préjugés sur les mœurs espagnoles, et nous avons même la conviction que leurs danses, essentiellement voluptueuses sont immorales, susceptibles de pervertir les caractères.

C'est là encore une vulgaire erreur.

Les danses voluptueuses sont très répandues dans le peuple espagnol; et cependant celui-ci est le plus pur, le plus chaste en amour, car il ne connaît et ne veut absolument pas admettre aucun acte qui ne soit pas naturel.

Chez nous la jeunesse se fait même une gloire de certaines dépravations de l'amour ; tandis qu'en Espagne elles soulèvent l'indignation; le dégoût.

Cela prouve que la volupté produit l'effet opposé de celui que nous redoutions, car elle moralise les relations de l'amour au lieu de les pervertir.

Effectivement tous ces mouvements cadencés, flexibles, doux, voluptueux, impriment à la personne humaine une sensibilité, une vibration, un charme, une excitation irrésistible qui repoussent instinctivement tout acte contre nature, éminemment nuisible à la santé.

La volupté idéalise et purifie l'amour et voilà encore un des secrets de la santé du peuple espagnol qui se conserve fort et vigoureux jusqu'aux derniers jours de sa vie.

Le théâtre populaire espagnol est indiscutablement une institution foncièrement morale et démocratique de la plus haute valeur sociale ; c'est une véritable école de morale et d'esthétique éminemment suggestive qui amuse et éduque en même temps.

Ici il faut rendre un juste hommage aux autorités et aux intel-lectuels espagnols, qui ont conçu, protégé, vulgarisé ce théâtre sublime.

En Espagne, les plus hautes notabilités de la politique, de la science, de l'art, de la littérature ne dédaignent point d'étudier, de rectifier, d'améliorer, de poétiser les mœurs sociales des classes laborieuses; de les mettre à la scène et de chanter leurs joies et leurs misères.

Et voilà ce qui établit d'une manière absolument irréfutable la supériorité de la nation espagnole : c'est la solidarité qui existe entre les différentes classes sociales, c'est la compréhension de la part des autorités et des intellectuels de leurs responsabilités, de leurs devoirs vis-à-vis des masses laborieuses.

Les classes privilégiées espagnoles vivent dans une communion intime avec ceux qui peinent pour leur embellir la vie et elles cherchent à les récompenser par un dévouement sans borne, en leur offrant l'aliment artistique, intellectuel, moral qui est le suprême des bonheurs.

Que cela est beau, magnifique, sublime ! !.....

Examinons à présent les théâtres des autres nations.

Toutes les pièces théâtrales : comédies, 'opéras, opérettes, s'occupent exclusivement de la vie bourgeoise ou des faits histo-riques, mythologiques ; rarement elles s'occupent des mœurs populaires ; on ne les considère pas dignes d'intérêt.

Il ne faut donc pas s'étonner que les classes laborieuses des autres nations soient esthétiquement inférieures à celles d'Es-pagne.

Bien que l'Espagne ait perdu ses colonies, elle y exerce et elle y exercera toujours une domination morale prédominante.

Tous les Italiens, Français, Allemands, Russes, etc., qui s'établissent dans les anciennes colonies espagnoles sont rapidement absorbés par la civilisation espagnole et après une ou deux générations, vous verrez les fils de ces émigrés, généralement des rustiques paysans, posséder la même grâce, la même souplesse, la même beauté morale et physique de la race espagnole.

Il faut donc admettre que la civilisation espagnole a une telle puissance d'absorption qu'elle est capable de transformer comme par enchantement une autre race.

Cela établit une fois de plus la supériorité de la race espagnole qui s'est développée dans des conditions excessivement favorables d'existence.

L'Espagne a profité de deux civilisations : de la gréco-romaine et de la musulmane, et c'est sans doute à cette heureuse circonstance qu'elle doit sa supériorité esthétique.

L'essence de la civilisation musulmane s'était réfugiée en Espagne et nous pouvons nous en convaincre en admirant les chefs-d'œuvre de l'art mauresque qui synthétisent la délicatesse, la poésie, l'harmonie, la beauté.

Je ne veux pas terminer mon étude psychologique sur l'Espagne sans dire quelques mots sur les artistes de ce théâtre espagnol que l'on appelle petit genre et qui mérite au contraire le nom de **genre sublime** car il est éminemment régénérateur, humanitaire.

Le théâtre populaire espagnol est l'éducateur du peuple et n'oublions point que le peuple est la pépinière des hommes illustres.

Ce sont les artistes de ce théâtre populaire qui charrient à travers le pays et dans les anciennes colonies espagnoles les idées, les mœurs espagnoles constamment renouvelées, rectifiées, perfectionnées, poétisées par les intellectuels espagnols qui savent aussi sélectionner ce qu'il y a de plus beau chez les autres pays du monde et l'approprier à leur pays.

Les artistes de ce théâtre populaire ne sortent point des conservatoires ; ils se forment généralement dans les compagnies mêmes.

Quand une personne se sent la vocation pour le théâtre, elle rentre dans une compagnie en qualité de choriste et là, sous la direction des chefs, elle perfectionne ses aptitudes et fait sa carrière.

L'artiste de ce théâtre populaire incarne la perfection esthétique humaine, car il doit être en même temps chanteur, comédien, comique, mime, danseur.

Certains de ces artistes excellent dans ces cinq genres de l'art théâtral.

Le chant espagnol, excessivement rythmé, cadencé, syncopé, est d'une exécution très difficile et il exige une flexibilité de voix extraordinaire.

Malgré cette grande difficulté, vous verrez dans ces modestes compagnies des artistes qui, sans posséder une longue préparation musicale, vous exécutent à la perfection les morceaux les plus difficiles, et cela parce que l'Espagnol, né artiste, possède l'âme d'un artiste ataviquement préparée, façonnée par ce théâtre d'essence divine.

Comme danseurs, ces artistes sont une merveille de grâce et de distinction et dans leurs danses ils sont inimitables.

Mais où ces artistes sont vraiment merveilleux et supérieurs à tous les artistes du monde, c'est dans le genre bouffe, comique.

J'ai vu jouer des artistes de presque toutes les nationalités ; mais aucun n'a l'expression comique des Espagnols.

Sans jamais recourir à la vulgarité, le comique espagnol vous fait tordre de rire par ses attitudes cocasses, ses expressions extravagantes, ses saillies spirituelles et ses déguisements ingénieux.

Tous ses gestes, pour drôles qu'ils soient, portent toujours l'empreinte de la distinction, de la finesse, de la grâce et ses boutades, ses satires synthétisent la noblesse, la beauté de son âme.

Ce théâtre comique espagnol constitue indiscutablement l'art théâtral le plus difficile, le plus compliqué, car l'artiste non seulement doit être chanteur, danseur, mime, comédien, mais encore il doit posséder une intelligence subtile, sagace, perspicace pour pouvoir imiter, railler, ridiculiser les types, leurs gestes, leurs attitudes et pour être à même de saisir, comprendre, interpréter les satires, les boutades, les traits d'esprit qui forment la caractéristique de ces pièces théâtrales.

Les artistes de ce théâtre populaire sont les gens les plus modestes, les plus humbles que l'on puisse s'imaginer; ils n'ont point la conscience de leur valeur sociale, de leur supériorité.

Ce sont les précepteurs naturels, spontanés de ce peuple d'où ils sortent et qu'ils ne quitteront jamais.

Ils sont heureux de pouvoir mériter les applaudissements, l'estime, la considération du public qui est d'ailleurs l'aspiration de tous les artistes du monde ; mais chez eux cette noble aspiration n'est point ternie, profanée par l'avidité du gain, du luxe, car ces artistes espagnols savent parfaitement que leur genre théâtral n'offre généralement aucune ressource pécuniaire.

C'est l'artiste idéal qui ne vit que pour la gloire et meurt souvent dans la misère ; mais quand même heureux et satisfait d'avoir donné toute son âme, pour égayer, embellir, perfectionner l'existence de ce peuple d'où il sort et qu'il aime à la folie.

Rien ne pourra le détourner de sa mission divine, car il est un véritable artiste ; il est le digne représentant d'un peuple privilégié, d'une race d'esthètes.

J'en ai vu qui ont cherché de s'éloigner du théâtre, mais une force irrésistible les a ramenés à leur art.

J'ai connu aussi de vieux et grands artistes travailler dans des

conditions les plus précaires, car ils n'avaient jamais voulu connaître la spéculation, la vénalité.

J'avais les larmes aux yeux de voir ces grands et vénérables
artistes travailler dans des conditions aussi misérables.

Ils avaient la tristesse dans le regard ; mais quand ils recevaient un applaudissement ils souriaient de bonheur, heureux et
contents quand même, et ils oubliaient volontiers l'ingratitude
du sort.

Les artistes de ce théâtre populaire forment des légions, car
dans tous les coins d'Espagne et dans les anciennes colonies
espagnoles vous trouverez des compagnies du *genero chico*.

Presque tous ces artistes, choristes, musiciens, se marient entre
eux et forment une espèce de grande famille bohémienne de l'art.

Les couples font généralement partie de la même compagnie
et vous verrez souvent le chef d'orchestre marié avec une artiste ;
un musicien avec une choriste ou artiste et ainsi de suite.

Une autre particularité qui vous démontre les mœurs démocratiques des Espagnols, c'est la distribution des salles où se donnent
ces spectacles.

Tous les fauteuils du rez-de-chaussée sont au même prix ; il
y a une seule rangée de loges, et le reste c'est des galeries ayant
un prix unique pour toutes les places.

Vous verrez dans ces théâtres très démocratiques les gens de
l'aristocratie, de la bourgeoisie assis à côté des ouvriers, de petits
employés sans que personne ne s'en formalise.

Les personnes les plus élevées d'Espagne sont très fières
d'honorer par leur présence ces théâtres populaires, de se mêler
aux humbles, de s'intéresser à ces spectacles qui poétisent la vie
des classes laborieuses.

On restera étonné que tant d'étrangers qui ont visité l'Espagne
et les anciennes colonies espagnoles n'aient point remarqué et
célébré la beauté, l'importance de ce théâtre populaire.

Il y a plusieurs raisons.

D'abord l'étranger ne connaît pas assez la langue et les mœurs espagnoles pour pouvoir s'intéresser et apprécier ces spectacles.

Ensuite, les étrangers d'une certaine culture littéraire qui voyagent en Espagne sont généralement des personnes de la bourgeoisie qui se scandaliseraient de se trouver en contact avec des gens du peuple.

Et pour finir, ces théâtres qui représentent des types et des scènes de la vie populaire choquent les traditions artistiques de ces étrangers habitués à un genre théâtral luxueux, aristocratique, qui dédaigne de s'occuper des humbles.

Même ceux qui ont vécu de longues années dans les colonies espagnoles arriveront bien difficilement à comprendre et apprécier ce genre de théâtre, car ils conservent leurs traditions artistiques et la prévention les empêchera de fréquenter ces théâtres et d'en apprécier la beauté.

Combien de fois ai-je rencontré des Allemands, des Italiens, des Français, etc., qui restaient très étonnés de m'entendre parler avec tant d'enthousiasme de ces théâtres populaires espagnols.

Ils me disaient : Est-il possible qu'une personne de bon goût comme vous puisse s'intéresser à ces spectacles ? Nous y sommes allés une fois, mais jamais nous n'y retournerons.

Est-ce qu'en une fois on peut comprendre et apprécier un genre qui révolutionne complètement nos traditions artistiques, nos coutumes.

C'est ce théâtre populaire et ses artistes qui ont égayé, embelli ma vie solitaire dans mes longs voyages en Espagne et plus tard dans les anciennes colonies espagnoles.

C'est ce théâtre qui m'a révélé le charme, la beauté, la supériorité de la race espagnole et qui a complètement bouleversé, transformé ma façon de penser et d'agir.

En frôlant la terre d'Espagne, j'ai ressenti une commotion

immense : sa musique, ses chansons populaires produisaient sur moi une sensation profonde comme jamais je n'en avais ressenti jusqu'alors, même pour les airs de mon pays natal.

La grâce et la beauté de ce peuple m'imposaient le respect et l'admiration qui se sont transformés peu à peu en une immense, inexprimable sympathie.

Je voudrais être poète pour pouvoir chanter les louanges de ce peuple plein de noblesse, de grâce et de beauté; mais je ne suis qu'un humble voyageur de commerce doublé d'une âme d'artiste et de philosophe.

Je dois donc me contenter de témoigner ma profonde sympathie, mon admiration et ma reconnaissance par de simples considérations philosophiques, qui seront peut-être [arides; mais qui auront au moins le mérite d'être l'expression de la vérité.

# L'Angleterre.

Je ne connais pas assez le peuple anglais pour pouvoir apprécier ses qualités, ses mœurs, ses coutumes sociales et je dois me contenter d'émettre quelques considérations d'ordre général qui seront la déduction logique des connaissances acquises par la lecture et par les rares contacts que j'ai eus avec des Anglais.

Tout le monde admet que l'Angleterre est la nation, politiquement parlant, la plus démocratique, où le peuple jouit de plus de liberté, travaille le moins et gagne davantage par rapport aux autres pays d'Europe.

Dans ces conditions, on aurait le droit de supposer que les mœurs sociales du peuple anglais devraient être plus démocratiques que celles de toutes les autres nations d'Europe.

Cependant nous avons affirmé que cette supériorité revenait à l'Espagne et nous avons produit les raisons qui appuyaient notre assertion.

L'Angleterre, elle aussi, s'est trouvée dans des conditions heureuses d'évolution politique, car elle est parvenue à posséder et à conserver de vastes et riches colonies.

Mais tandis que les colonies espagnoles étaient presque dépeuplées, plusieurs des colonies anglaises possédaient, au contraire, une population très dense.

Dans ces conditions l'Espagne est devenue une nation colonisatrice qui se dépeuplait au bénéfice de ses colonies et elle est restée un pays foncièrement agricole.

L'Angleterre est devenue au contraire le fournisseur de ses colonies et elle s'est transformée en un immense pays industriel et commercial avec une population très dense.

En même temps qu'elle colonisait les régions dépeuplées, l'Angleterre pouvait retirer dans de bonnes conditions les ma-

tières premières de ses populeuses et fertiles colonies de l'Orient
et voilà comment elle a pu devenir la nation commerciale et
industrielle la plus puissante du monde.

Nous avons expliqué comment l'émigration des classes laborieuses espagnoles a provoqué des relations cordiales entre les
patrons et les travailleurs, car ceux-ci avaient la possibilité de se
soustraire aux exigences de ceux-là en s'expatriant et les maîtres
étaient forcés d'être déférents envers leurs subordonnés pour les
retenir.

Ces relations cordiales se sont produites spontanément, doucement, sous la pression de circonstances favorables à l'expansion
de ces sentiments démocratiques, humanitaires.

En Angleterre, les classes laborieuses très denses sont parve-
nues grâce à leurs trade-unions à posséder des conditions matérielles d'existence meilleures que celles des autres pays d'Europe.

Mais ces conditions ont été imposées aux patrons par les
ouvriers, et au lieu de provoquer des relations cordiales elles ont,
au contraire, engendré des germes de ressentiment, de dépit,
de colère ou tout au moins elles ont enfanté de la froideur, de la
réserve, de l'indifférence.

Cela s'observe d'ailleurs dans tous les centres industriels du
monde où la lutte économique a fomenté les grèves, lock-out, etc.

Dans les pays industriels, soumis à des luttes économiques
intérieures, ce n'est plus que l'égoïsme, que l'intérêt réciproque
qui rapprochent patrons et salariés et ces relations doivent être
nécessairement froides, réservées.

Cela nous explique cette apparence extérieure froide, réservée
qui est la caractéristique des Anglais, peuple essentiellement
industriel et commerçant.

Ce qui fait le bonheur d'un subordonné, ce ne sont pas seulement les satisfactions matérielles, mais surtout les satisfactions
morales.

Pour nous autres Latins, une déférence, une preuve d'amitié vaut bien mieux que de l'argent et je suppose que chez les autres peuples il en doit être de même.

Il en résulte que les classes laborieuses espagnoles sont plus heureuses, car elles sont traitées avec plus d'amitié, avec plus de considération.

Elles sont aussi plus heureuses et plus saines, parce que l'Espagne est resté un pays agricole et les travailleurs des champs mènent une vie beaucoup plus heureuse et plus saine que les travailleurs industriels renfermés dans des usines et mal logés dans des villes.

Sans connaître les conditions esthétiques des classes laborieuses anglaises, je les considère inférieures à celles du peuple espagnol, car l'Angleterre ne possède point un théâtre populaire comme l'Espagne ; théâtre qui est une école de délicatesse, d'élégance, de beauté, et qui dispense le bonheur moral, intellectuel, artistique aux classes laborieuses.

Sous tous les rapports, le peuple espagnol est plus heureux et l'Espagne reste à la tête de la civilisation par ses institutions et par ses mœurs sociales foncièrement démocratiques, humanitaires.

Cependant l'Angleterre est au-dessus de toutes les autres nations dans l'éducation physique et morale de ses classes supérieures et moyennes parce que celles-ci possèdent le goût des sports et pratiquent les plus nobles vertus.

La supériorité physique de ces classes sociales se révèle dans la beauté plastique des individus ; et la supériorité morale dans la correction, la noblesse, la droiture, la franchise de leurs mœurs commerciales ; et c'est justement dans les questions d'intérêt que l'on peut apprécier la valeur morale des individus.

Mais ici nous devons rappeler encore une fois que, selon les principes démocratiques, la supériorité et le bonheur d'un peuple ne consistent point dans la supériorité d'une caste privilégiée, mais dans la progression du plus grand nombre.

L'Espagne marche donc incontestablement à la tête de la civilisation.

# L'Allemagne.

L'Allemagne ne possède point des mœurs politiques aussi démocratiques que l'Angleterre, la France, l'Italie et beaucoup d'autres nations d'Europe.

Ses mœurs sociales ne peuvent pas être non plus démocratiques car l'évolution politique et sociale des pays d'origine allemande n'a pas été favorable à l'éclosion des mœurs sociales démocratiques.

Les conditions d'existence des masses laborieuses devaient certainement être meilleures quand l'Allemagne actuelle était encore une grande région agricole, car la vie des champs est toujours plus saine, plus libre et plus heureuse que celle des fabriques.

Cependant, même à l'époque où l'Allemagne était une vaste région agricole, les conditions d'existence des laboureurs de la terre ne pouvaient pas être très heureuses, car les pays d'origine allemande ne possédaient point de colonies et les paysans n'avaient pas la facilité d'émigrer.

La densité toujours plus grande de ces peuples très féconds devait nécessairement aggraver les conditions d'existence des classes laborieuses, car les bras excédaient et les maîtres devenaient par ce fait toujours plus exigeants, toujours plus despotiques ; et voilà comment ont pris naissance et se sont fortifiées les mœurs sociales despotiques en Allemagne.

Les conditions d'existence toujours plus misérables des travailleurs auraient pu provoquer des révoltes, et pour les éviter, il fallait la répression brutale et voilà comment s'établit cette discipline autoritaire, cruelle, inhumaine qui est la caractéristique de la civilisation allemande.

Il faut encore considérer que les conditions d'existence sont bien plus dures, bien plus pénibles dans les pays du nord que dans les pays du sud ; ce qui aggravait encore la situation déjà malheureuse des masses laborieuses qui étaient contraintes à un travail plus ingrat dans une terre moins fertile et sous un climat inclément qui leur imposait certaines nécessités dont pouvaient se dispenser les populations des pays chauds qui, n'étant point talonnées par la nécessité, restaient plus libres, plus indépendantes, plus heureuses.

Dans des conditions aussi déplorables d'existence, les travailleurs allemands devenaient fatalement résignés, humbles, serviles ; tandis que les classes privilégiées augmentaient sans cesse leur tyrannie, leur despotisme.

L'industrie a certainement enrichi un grand nombre de personnes, mais elle n'a guère amélioré les conditions morales d'existence des travailleurs, car l'industrialisme a provoqué la lutte de classe, aigri les rapports entre les patrons et les ouvriers et ceux-ci sont traités toujours avec la même brutalité, la même tyrannie.

Les conditions défavorables du peuple allemand en même temps que le despotisme et le servilisme ont développé de grandes qualités : la résistance au travail, la ténacité, l'esprit d'ordre, d'économie, de prévoyance ; car plus une personne a de la peine pour gagner sa vie plus elle devient économe, prévoyante, souple, ordonnée, tenace, endurante.

Cela nous explique la supériorité d'organisation du peuple allemand ; et cette supériorité étant favorable au progrès de l'humanité, elle doit être reconnue et prise en considération par les autres pays du monde.

Malheureusement, l'Allemagne ne possède point les qualités essentielles au développement harmonieux de l'humanité, car elle manque de loyauté, de noblesse, de droiture, de délicatesse, de respect envers les autres, et sa façon d'agir, politiquement et commercialement, en est la preuve évidente.

Elle manque des qualités les plus nobles, les plus glorieuses, consacrées, célébrées, poétisées par la tradition du passé et qui forment le trésor sublime de l'humanité.

Cependant on ne peut point reprocher à l'Allemagne de ne pas posséder ces belles qualités, car ses conditions d'existence ont été défavorables à leur éclosion.

Quand l'Allemagne se sera délivrée du despotisme militaire qui la ronge, ses relations à l'intérieur et à l'extérieur deviendront empreintes de cette cordialité, de cette délicatesse, de cette douceur, de cette noblesse qui constitue le seul réel progrès d'une nation aussi bien que de l'humanité entière.

La noblesse, la droiture, la générosité, la délicatesse, la bonté sont l'apanage des peuples riches, indépendants.

Anciennement, ces qualités divines s'étaient réfugiées chez les classes nobilières dominatrices ; car elles seules jouissaient de la richesse et de l'indépendance : les serfs, les vilains étaient au contraire humbles, plats, serviles, craintifs, menteurs, hypocrites, etc.

Plus tard, les précieuses qualités de l'ancienne noblesse nous les retrouvons répandues chez les peuples les plus riches, les plus indépendants, tels que l'Angleterre, l'Espagne, la France.

Dans l'avenir, elles deviendront l'apanage de tout le monde. Soyons donc indulgents envers les peuples qui n'ont pas eu la possibilité d'acquérir ces qualités sublimes ; mettons-les dans l'impossibilité de nuire ; mais gardons-nous de les mépriser car nous aussi nous nous sommes trouvés jadis dans les mêmes malheureuses circonstances.

Nous avons au contraire le devoir et l'intérêt de faire tout notre possible pour améliorer leurs conditions d'existence, dans le but de faciliter l'éclosion des nobles qualités qui leur manquent.

Ces peuples deviendront ainsi capables de nous comprendre et de nous apprécier ; et nous aurons réalisé leur bonheur et le nôtre, car nos anciens ennemis deviendront nos meilleurs amis.

# La France.

Politiquement, la France est presque aussi démocratique que l'Angleterre ; mais ses mœurs sociales ne sont pas aussi démocratiques que celles de l'Espagne, et même que celles de l'Angleterre, car la France ne s'est pas développée dans des circonstances aussi favorables que celles de ces deux nations.

Ses masses laborieuses sont loin d'avoir acquis le bien-être réalisé en Angleterre par les trade-unions anglaises.

La France ne possède pas un théâtre populaire esthétique comme l'Espagne, aussi le peuple français ne peut pas rivaliser esthétiquement avec le peuple espagnol.

Où la France marche indiscutablement à la tête de la civilisation, c'est dans le domaine des idées, de l'intellectualité.

C'est de la France qu'ont jailli les pensées les plus nobles, les plus généreuses de régénération humaine.

Ce sont ses penseurs qui ont constamment lutté avec ardeur, avec abnégation pour délivrer la conscience humaine des préjugés, de la tyrannie, de la servitude du passé.

La France personnifie la Révolte ; mais une révolte pondérée, clairvoyante, consciente qui sait comprendre, définir, tracer exactement les nouveaux droits permis, indiqués par les circonstances qui modifient perpétuellement les conditions d'existence des peuples et leur permettent d'élargir graduellement leurs libertés, leur dignité, leur bien-être moral et matériel.

Pour pouvoir concevoir, assembler, harmoniser, propager des idées aussi nobles et généreuses, il faut être doué d'un caractère fier, indépendant, altruiste et d'une intelligence supérieure.

Nous devons donc admettre que le peuple français est le plus fier, le plus indépendant, le plus altruiste et le plus intelligent

·du monde, car il a su réaliser ce que les autres peuples n'ont pas su même concevoir.

Ces quatre qualités : la fierté, l'indépendance, l'altruisme et l'intelligence représentent une succession de conséquences; c'est-à-dire que l'une est la dérivation de l'autre.

La fierté inculque l'esprit d'indépendance et celui-ci conseille à l'individu de rechercher la coopération de tous les opprimés comme lui pour pouvoir se délivrer lui-même de la tyrannie et libérer en même temps les autres : il devient ainsi nécessairement altruiste.

Il doit en même temps aiguiser ses facultés intellectuelles pour atteindre la délivrance commune et convaincre ses compagnons de malheur ; il devient ainsi intelligent, c'est-à-dire clairvoyant, conscient.

La France est donc la nation la plus utile à l'évolution de l'humanité, car ses idées de régénération sociale peuvent cheminer à travers les peuples et les délivrer de leurs oppressions.

La France se trouve par conséquent au-dessus de l'Espagne même, bien que les mœurs sociales de celle-ci soient plus démocratiques ; car l'Espagne n'a fait que profiter de certaines conditions favorables à l'éclosion de ses mœurs humanitaires ; mœurs qui sont restées localisées chez elle et dans ses anciennes colonies ; tandis que la France a créé toute une législation et toute une littérature démocratiques, altruistes qui se sont répandues dans le monde entier et poursuivent méthodiquement l'émancipation de tous les peuples.

Si nous admettons que le suprême bonheur de l'individu consiste dans son indépendance et dans le respect dont il jouit, nous avons le devoir de considérer la France comme étant la patrie morale de tous les peuples indistinctement, car c'est elle qui offre cet immense bonheur au monde entier et nous devons l'aimer autant que notre patrie et même davantage.

La France qui dispense la liberté, l'indépendance, la dignité, le bonheur remplit sur terre le rôle divin de la Providence, donc elle se place au-dessus de toutes les patries ; et tous les peuples ont le devoir de la vénérer, de l'aimer et de la considérer comme un ange tutélaire qui veille avec vaillance et tendresse sur leur dignité, sur leur bonheur.

# La Russie.

La Russie étant la nation la plus éloignée de tous les centres de commerce et de navigation, est restée foncièrement agricole et elle a conservé des mœurs politiques les plus despotiques de l'Europe.

Dans les pays industriels et commerçants, la bourgeoisie est devenue tellement riche et puissante qu'elle a pu s'imposer à la noblesse et la déposséder graduellement de ses privilèges ; tandis qu'en Russie, pays foncièrement agricole, la bourgeoisie ne s'est pas trouvée dans des conditions favorables pour pouvoir en faire autant.

Mais si les mœurs politiques de la Russie sont restées les plus despotiques d'Europe nous ne pouvons pas dire la même chose de ses mœurs sociales.

Celles-ci sont bien plus démocratiques que celles de l'Allemagne et de beaucoup d'autres nations d'Europe.

La noblesse et la bourgeoisie de la Russie n'ont pas du tout la morgue de la noblesse et de la bourgeoisie teutonne, elles sont au contraire très simples, très déférentes, très affables envers leurs inférieurs ce qui n'exclut point la noblesse et la distinction ; au contraire, cette attitude modeste confirme et consacre ces deux précieuses qualités.

La Russie étant une vaste région agricole et relativement peu peuplée n'a pas connu les pénuries, les révoltes et les luttes économiques des autres pays d'Europe, et s'il y a eu des mouvements populaires ceux-ci étaient généralement fomentés par la classe intellectuelle.

Celle-ci est indiscutablement la classe sociale la plus malheureuse en Russie parce qu'elle se trouve constamment en contact avec la civilisation occidentale et ne possède point les libertés politiques, ne jouit point de la même considération dont jouissent les classes intellectuelles des autres nations d'Europe.

Cependant, depuis quelques années, dans la politique de la Russie se dessine un fort mouvement démocratique qui augmente sans cesse et cette guerre précipitera sans doute ce mouvement régénérateur qui donnera pleine satisfaction à la classe intellectuelle.

Les classes laborieuses russes qui travaillent généralement dans les champs se trouvent dans des conditions d'existence bien plus heureuses que celles des pays industriels car leur vie est plus libre, plus hygiénique.

La Russie se trouvant en contact avec la Chine a dû forcément subir l'influence de la civilisation chinoise qui représente la force morale la plus puissante et la plus ancienne de l'humanité puisqu'elle a su grouper et maintenir sous la même direction sociale et politique une population d'environ 400 millions d'habitants.

La structure des mirs russes a été probablement inspirée par les primitives corporations agricoles chinoises et ces mirs constituent indiscutablement une institution d'une haute valeur sociale.

Nous ignorons presque complètement l'âme du peuple russe et il y a peu d'années que cette âme s'est révélée à nous par sa littérature, sa musique, ses ballets, ses danses populaires ; mais le peu que nous connaissons nous a permis cependant de comprendre que le peuple russe est doué d'une énergie extraordinaire et d'un caractère équilibré, simple, noble, poétique ; aussi il nous réserve de grandes surprises dans l'évolution future de l'humanité.

## Les autres nations d'Europe.

L'évolution des mœurs politiques et sociales des autres nations d'Europe tombe dans le cadre des nations que nous avons étudiées.

Elle dépend de leur position géographique et du contact avec les grands centres de civilisation que nous avons mentionnés, lesquels exercent une influence prépondérante sur leurs voisins.

Les populations qui se trouvent au bord de la mer possèdent toujours un caractère plus libre, plus indépendant, car elles ont plus de facilité pour émigrer et se soustraire à la contrainte de la nécessité.

# Les Amériques,

Les nations américaines d'origine latine sont généralement des républiques oligarchiques gouvernées despotiquement par un parti qui n'admet qu'une opposition apparente ; car les élections ne sont généralement qu'une fiction.

Cependant, il faut rendre un juste hommage à la République Argentine qui a réalisé dernièrement des progrès considérables par l'institution du vote secret qui marque certainement la plus grande réforme sociale accomplie par cette république depuis son indépendance.

Cette heureuse innovation ne tardera pas à produire ses effets bienfaisants non seulement sur l'Argentine, mais sur toutes les républiques latines de l'Amérique qui se verront dans la nécessité d'adopter la même réforme, si elles désirent prospérer dans la même mesure.

Les mœurs sociales de ces républiques ne diffèrent guère de celles de leurs mères-patries : l'Espagne et le Portugal qui exercent sur elles, toujours, une influence considérable.

La même délicatesse, la même douceur, la même noblesse, la même distinction d'âme et de caractère sont les caractéristiques des habitants de ces républiques qui possèdent les populations les plus belles, les plus distinguées de la civilisation chrétienne.

La grande majorité de ces populations s'applique à l'agriculture qui récompense largement leurs efforts ; aussi on ne connaît point les difficultés, la pénurie, la misère de nos pays d'Europe.

Ce sont des peuples simples et équilibrés, parce qu'ils ne vivent point dans un milieu ambiant difficile, compliqué, fiévreux comme le nôtre, qui nous rend plus actifs, plus entreprenants, mais aussi plus exagérés dans l'effort et moins résistants aux malheurs ; car cette lutte violente, incessante, fatigue, détériore notre corps et notre esprit et nous empêche de posséder cette pleine santé, cet équilibre physique, moral, intellectuel dont jouissent les peuples de l'Amérique latine qui mènent une vie plus paisible, plus normale, plus heureuse.

Je ne connais pas les États-Unis d'Amérique, et je suppose que ses populations agricoles doivent se trouver dans des conditions heureuses, car le pays offre des ressources immenses ; mais les États-Unis possèdent aussi une grande population ouvrière dont les conditions d'existence ne doivent guère être meilleures que celles des grandes nations industrielles d'Europe.

Les États-Unis ont hérité et conservé dans toute leur intégrité les vieilles et nobles traditions anglaises.

Commercialement, ils n'ont jamais voulu suivre le détestable système de crédit adopté par les Allemands, et dans leur commerce extérieur ils ont toujours imposé leur système rigide, bien fondé de crédit ; ce qui ne les a pas empêchés de faire beaucoup d'affaires et de devenir un des peuples les plus riches et les plus solides du monde.

C'est vrai qu'ils se trouvent dans des conditions tout à fait favorables : ils peuvent s'émanciper des produits industriels des autres pays, tandis que ceux-ci ne peuvent pas se passer de leurs produits naturels, de leurs matières premières.

# La civilisation musulmane.

La Turquie, puissance plutôt asiatique, doit son existence précaire aux rivalités des autres nations d'Europe ; sans cela il y a déjà longtemps qu'elle aurait perdu son indépendance.

La race musulmane a eu son époque d'expansion et de prépondérance politique et sociale ; mais tandis que les autres nations d'occident ont constamment évolué, elle est restée figée dans sa civilisation initiale.

Cela nous laisse supposer que les peuples musulmans se trouvent satisfaits de leur civilisation puisqu'ils n'éprouvent aucune nécessité d'opérer des changements ; mais cela dénote aussi un manque évident d'initiative, de génialité qui sont les caractéristiques des races dominatrices.

Aussi les peuples de race musulmane se trouvent presque tous politiquement dominés par d'autres nations.

La race musulmane possède des qualités d'une haute valeur sociale telles que la sobriété, la simplicité de mœurs, la douceur, la force, la résistance ; mais elle manque d'élan, d'énergie, d'initiative ; elle est incapable par elle-même d'aucun effort et le danger même ne parvient pas à secouer sa torpeur atavique.

A quoi pouvons-nous attribuer cette apathie, ce manque d'énergie, d'initiative qui forment la caractéristique des peuples de religion musulmane ?

Nous devons l'attribuer aux deux institutions fondamentales qui régissent la constitution des peuples musulmans.

Ces deux institutions sont la polygamie et l'obligation pour la femme de se voiler la figure.

Par ces deux institutions le grand Mahomet se proposait de ramener la stabilité et l'harmonie dans la société.

En lui voilant la figure il empêchait la femme d'exciter la cupidité des hommes et il se proposait par ce moyen d'adoucir la lutte sexuelle.

La cupidité charnelle a toujours été un élément de discorde non seulement à l'intérieur des sociétés humaines, mais anciennement elle l'était même à l'extérieur car les guerres avaient bien souvent pour but le rapt des femmes ou elles étaient provoquées par le même motif.

Le moyen le plus simple pour éviter que l'on nous vole notre femme consiste à la soustraire aux regards indiscrets ; cela évite des ennuis, des représailles, des crimes passionnels, etc., etc.

En instituant la polygamie, le grand Mahomet se proposait de donner une récompense et une satisfaction aux individus les plus forts et les plus intelligents.

Il avait probablement aussi l'intention de stimuler la passion du travail.

Dans le désir de posséder plusieurs femmes, l'homme aurait doublé ses efforts ; mais ce système avait le grave inconvénient d'émousser l'énergie des plus forts et surtout des plus intelligents qui s'épuisaient rapidement dans les plaisirs charnels.

Cela nous explique le manque d'énergie et l'apathie des peuples musulmans ; les plus forts, les plus intelligents s'épuisaient dans les plaisirs de l'amour et, se trouvant complètement satisfaits, n'avaient pas d'autres ambitions et ils devenaient fatalement apathiques.

Par ce système, les gouvernements se débarrassaient des plus turbulents et des plus dangereux, mais ils se privaient en même temps des plus vaillants défenseurs de l'indépendance nationale ; et voilà pourquoi tous les peuples de race musulmane ont été si facilement assujettis.

La lutte sexuelle a toujours été un puissant facteur de progrès parce qu'elle pousse l'homme et la femme au travail et leur permet d'atteindre un degré toujours plus haut de perfection humaine.

Dans la civilisation chrétienne, où la femme peut se valoir des charmes de sa figure, la lutte sexuelle développe aussi les qualités esthétiques des deux sexes et c'est là la réelle supériorité de notre civilisation sur la musulmane.

Nous sommes des peuples d'artistes et de poètes.

Notre civilisation est indiscutablement supérieure à la musulmane parce que chez nous la lutte sexuelle développe l'énergie et la beauté, qualités qui nous permettent d'atteindre un degré toujours plus haut de perfection et de bonheur.

D'autre part, la monogamie sert à ménager les énergies de l'homme et de la femme qui pourront ainsi défendre efficacement les intérêts de la collectivité.

Malgré que les peuples de religion musulmane se trouvent presque tous assujettis, ils jouissent cependant d'une paix intérieure dont ne jouissent point les peuples de civilisation chrétienne qui sont constamment ravagés par des luttes économiques et politiques.

Le grand Mahomet ayant voilé la figure de la femme désarmait la coquetterie et, dans ces conditions, le désir d'exhiber ses charmes et de les augmenter par la parure ne pouvait pas prendre naissance et prospérer chez la femme musulmane.

Les peuples musulmans ne pouvaient pas, par conséquent, connaître la variabilité de la mode qui est indiscutablement un germe de conflits et ils ne devaient pas non plus connaître les luttes intestines, les passions qui ont ravagé les peuples de race chrétienne.

Sous la contrainte de la mode notre civilisation nous a imposé une foule de nécessités, de besoins souvent frivoles, superflus, même nuisibles à notre bonheur qui nous condamnent à un travail incessant, ingrat, épuisant.

Les peuples de race musulmane ont conservé au contraire des

mœurs simples, austères qui leur permettent de mener une vie plus paisible, plus saine, plus heureuse.

Ces considérations nous feraient supposer qu'au fond la civilisation musulmane est supérieure à la nôtre.

Mais il n'en est point ainsi parce que notre civilisation ne poursuit pas seulement le bien-être matériel, disons plutôt animal de l'homme; elle cherche d'élever en même temps son niveau moral et intellectuel ; elle prétend faire de l'homme un être rationnel, capable de se donner une explication consciente du milieu ambiant où il vit ; elle veut le distancer toujours plus de la brute.

Notre civilisation prétend supprimer les abus, les injustices, protéger la femme et les faibles ; elle désire répandre l'instruction pour que tout le monde soit conscient de ses droits et de ses devoirs et puisse coopérer efficacement au progrès et au bonheur de la collectivité en même temps qu'au sien propre.

Notre civilisation désire éliminer graduellement toutes les contraintes pour que l'homme puisse se développer librement, complètement, dans tout l'éclat de sa puissance et selon les lois de la Nature.

Si le chemin à parcourir est dur et pénible et si nous sommes plongés momentanément dans le marasme il ne faut point désespérer de l'avenir et déclarer la faillite.

Notre génialité, notre énergie sauront triompher de toutes les difficultés et nous trouverons sûrement la clef de notre rédemption et de celle du monde entier.

Quand on possède les qualités d'initiative, d'énergie, d'endurance, d'ordre, d'organisation de la race chrétienne, l'avenir nous appartient, cela est mathématique.

Cette guerre nous offrira le moyen d'éliminer les éléments de discorde et de dissolution ; et notre civilisation deviendra tellement admirable, tellement supérieure qu'elle absorbera par attraction spontanée toutes les autres civilisations de la terre.

# La civilisation chinoise.

La civilisation chinoise représente indiscutablement l'effort moral, social, politique le plus formidable, le plus puissant de l'humanité.

Elle s'est conservée inaltérable à travers les siècles, grâce à un système social philosophique, métaphysique savamment étudié, pondéré, élaboré par le grand Confucius qui est sans aucun doute le plus grand législateur et philosophe qui ait existé.

Confucius, éclairé par les expériences séculaires de plusieurs formes de gouvernements et par les indications des philosophes qui l'avaient devancé, a su réunir, concilier, amalgamer les diverses tendances, les diverses écoles de son temps et il est parvenu à fonder ce merveilleux mécanisme politique et social qui défie les siècles et paraît impérissable.

Cependant, en ce bas monde, rien n'est impérissable et la proclamation de la république, en Chine, nous prouve que son organisme social a été sérieusement affecté par la civilisation européenne ; et cet événement marque le commencement d'une nouvelle évolution.

Quel est le secret de la civilisation chinoise si tenace et d'apparence inaltérable ?

Le secret de cette civilisation puissante, il faut le rechercher dans ses livres sacrés, spécialement dans le livre des Rites, qui constituent l'œuvre du grand Confucius et de ses disciples.

Dans ces livres sont renfermées toutes les règles de conduite, toutes les pratiques qui doivent assurer l'ordre, la discipline, la stabilité dans la famille et dans la société.

Mais le livre à mon avis le plus important est celui des Rites qui indique les attitudes, les contenances, les marques de respect des fils envers leurs parents, de la femme envers l'homme, de l'inférieur envers le supérieur et *vice versa*.

La famille chinoise n'est que le reflet de toute la hiérarchie sociale et politique ; la discipline sévère de la famille habitue l'individu à la soumission, au respect envers les autorités consacrées par les livres sacrés.

Les rites règlent tous les gestes, toutes les attitudes de l'individu dans le but de le contraindre à rendre un tribut constant à l'autorité familiale, sociale et politique.

Tous ces gestes, toutes ces cérémonies, toutes ces marques de déférence rappellent constamment aux individus leurs devoirs envers leurs parents, envers leurs supérieurs.

Les rites étouffent les germes de la révolte, car l'individu se trouve dans l'impossibilité de briser cet amas de formalités, de pratiques, de cérémonies qui l'obligent à se prosterner, à s'humilier devant l'autorité ; il se trouve ainsi forcé de reconnaître le bien-fondé de cette autorité qu'il pourra haïr dans son for intérieur, mais qu'il est obligé de subir, d'accepter, de respecter par son attitude servile, obséquieuse ; c'est l'aveu de son impuissance.

Les rites exercent une suggestion toute-puissante sur l'individu et le tiennent enchaîné à ses devoirs ; ainsi un fils étant infiniment supérieur au père comme instruction, intelligence, position sociale, devra cependant toujours se prosterner, s'humilier devant lui et reconnaître la supériorité, l'autorité que lui donnent les traditions des livres sacrés.

Tous les actes, tous les petits détails de la vie familiale, sociale, politique, de même que l'habillement et la parure sont rigoureusement tracés, enregistrés, spécifiés, catalogués dans les livres sacrés et soumis à une discipline sévère que personne ne pourra enfreindre sous peine des punitions les plus sévères.

L'individu se trouve ainsi renfermé dans un cercle de fer qu'il ne pourra jamais briser.

Un mouvement de révolte ne peut être que collectif et fomenté, dirigé par ceux d'en haut.

Le régime social chinois offre une situation privilégiée aux plus intelligents et les détache ainsi des foules, qui, privées de leur coopération, deviennent impuissantes, inoffensives.

En Chine, tous les citoyens indistinctement peuvent concourir par des examens aux emplois publics, aux charges plus hautes de l'État.

Ces examens, ces concours se basent sur des connaissances plus ou moins étendues, selon l'importance de l'emploi, sur l'énorme formulaire, maximes, rites, etc., renfermés dans les livres sacrés.

Dans ces conditions l'instruction des citoyens s'applique à développer la mémoire et tend à circonscrire, à fatiguer, à étouffer l'esprit de recherche, de critique, d'initiative qui représenteraient même la révolte contre la tradition.

Le peuple devient nécessairement routinier et perd l'habitude de réfléchir, de chercher, de créer ; toute génialité, toute initiative sera même considérée comme un germe de dissolution, de révolte.

Et voilà le secret de la vitalité surprenante de la civilisation chinoise.

Naturellement le régime social et politique chinois a dû subir des modifications sensibles à travers les siècles, car l'augmentation incessante des populations engendrait des nouvelles nécessités, imposait des réformes, mais les principes restaient intacts.

C'est tout récemment que la Chine s'est trouvée dans la nécessité de changer sa forme de gouvernement, de modifier ses mœurs politiques pour être à même de défendre efficacement son existence sérieusement menacée par la civilisation européenne.

Ses anciens systèmes de défenses devenaient insuffisants devant les progrès guerriers des Européens ; ses maximes, ses théories humanitaires qui blâmaient la guerre et la considéraient comme une dégradation de la race humaine, devenaient même criminelles devant l'attitude belliqueuse de l'Europe qui convoitait ses vastes et riches territoires.

La coopération de toutes les forces vives de la nation devenait indispensable.

Il fallait encourager les initiatives, briser la routine des traditions qui s'appuyaient seulement sur des hommes de grande mémoire, remplis de formules toutes faites, mais incapables d'aucune idée géniale.

Il fallait convoquer des hommes de sens pratique qui, faute de grande mémoire, avaient en revanche conservé une certaine liberté d'initiative.

Tout exercice excessif de la mémoire fatigue l'esprit et l'empêche de chercher, de réfléchir, de suivre une idée avec ténacité.

En plus, l'individu se contente de briller par ses qualités d'imagination et de mémoire et ne sent point la nécessité de se tracasser l'esprit pour trouver une idée géniale.

Du moment que la Chine admet la nécessité de favoriser l'esprit d'initiative, elle doit aussi encourager les méthodes d'analyse, de comparaison, de critique, et ce système social séculaire qui s'appuyait sur l'absolu, sur l'indiscutable, se trouve soudainement ébranlé, disloqué et menacé d'une dissolution prochaine, car bien des abus qui avaient pu se tolérer, se maintenir par l'impossibilité de pouvoir les discuter, les critiquer, se trouveront dans la suite vulnérables et une ère nouvelle de civilisation s'ouvrira pour la Chine.

Il ne faut pas croire que le peuple chinois soit malheureux puisqu'il accepte avec résignation, même avec satisfaction sa condition sociale.

C'est qu'il a été savamment préparé pour s'adapter à son genre d'existence par tout un système d'éducation familiale et sociale qui constitue l'essence de la civilisation chinoise.

Un individu devient malheureux quand il acquiert la conviction que l'on commet envers lui une injustice, quand il suppose
qu'on viole ses droits et c'est ce qui arrive justement dans la
civilisation chrétienne.

Dans notre civilisation les droits et les devoirs des citoyens
n'ont plus de stabilité, plus de sanction réciproque et dans ces
conditions on vit dans un état constant d'énervement, d'inquié-
tude, d'insécurité générale qui provoque une atmosphère de
haine, de colère, d'hostilité et nous en avons une preuve dans les
conflits intérieurs qui ravagent notre société.

La Révolution française, en proclamant l'égalité des droits
politiques, a bouleversé complètement les notions des droits et des
devoirs qu'il y avait sous l'ancien régime et cela non seulement
dans l'ordre politique mais aussi dans l'ordre moral.

Tous les citoyens ont acquis le droit de critiquer ce qu'ils considèrent une injustice ; ceux d'en bas de blâmer l'égoïsme de
ceux qui détiennent la fortune et ceux-ci de blâmer les préten-
tions de ceux-là ; d'où une succession infinie de conflits intérieurs.

L'égalité politique a permis de mettre en évidence les inégalités sociales : légalement les droits et les devoirs de chacun sont
bien définis et sauvegardés, mais moralement il n'y a plus de
sanction réciproque.

Anciennement les riches seulement avaient le droit de figurer ;
mais depuis que l'abus de crédit s'est établi dans nos mœurs, ce
droit s'est étendu à tout le monde et nous sommes tombés en
pleine anarchie dans le domaine des droits et des devoirs réciproques.

La fixation de la mode permettra d'atténuer sensiblement
les inégalités sociales et de supprimer en même temps l'abus de
crédit ; les aspirations de ceux d'en bas et de ceux d'en haut
seront ainsi bien définies, sauvegardées, satisfaites et dans ces
conditions chacun aura la notion exacte de ses droits et de ses

devoirs réciproques et nous mettrons un terme aux conflits intérieurs.

Mais tant que nous n'aurons pas atteint ce beau résultat, la
civilisation chinoise a le droit de se considérer supérieure à la
nôtre.

La civilisation chinoise, qui est plusieurs fois millénaire, peut
nous apprendre bien des choses utiles, spécialement dans l'art
de savoir vivre qui est la science des sciences et qui, chez nous,
est à l'état d'enfance.

Le Chinois est excessivement sobre, aussi il ne connaît point
l'obésité : il est bien proportionné et il possède une résistance
extraordinaire au travail, bien supérieure à la nôtre et sous
n'importe quel climat.

L'Européen a généralement le goût de l'alcool, des boissons
fermentées; il aime les mets excitants qui lui abîment l'estomac et l'incitent à manger plus que le nécessaire, par glouton-
nerie.

Beaucoup de personnes ont de la dilatation d'estomac, une
mauvaise digestion, spécialement ceux qui vivent de la vie séden-
taire et en général tous les habitants des villes qui mènent une
vie anormale.

On engraisse facilement, on prend du ventre, on perd l'harmonie des formes et, si ce n'était l'habillement qui nous protége,
notre nudité nous ferait honte.

Le Chinois mange pour vivre et nous pouvons dire que nous
faisons juste le contraire.

Chez nous l'individu vieillit précocement ; passé la qua-
rantaine, et souvent même avant, les signes de la fatigue, de
l'épuisement, du désordre apparaissent sur sa figure et sur
son corps qui perd la souplesse, la vigueur, la force, l'harmonie.

L'individu conservera un esprit cultivé, intelligent, qui le fera souffrir doublement, car il comprendra sa déchéance et ne connaîtra point les moyens de l'éviter.

Dans sa détresse il cherchera un remède dans les artifices, dans les excitants qui précipiteront encore sa déchéance ; il croira mystifier les autres et il se trompera lui-même.

Le Chinois possède un esprit d'assimilation surprenante ; il apprendra facilement deux ou trois métiers à la fois qu'il pratiquera rapidement à la perfection.

Le jour où la Chine rectifiera son système d'enseignement et qu'elle s'appliquera à développer l'esprit de réflexion, de recherches, de critiques, elle reprendra facilement la tête de la civilisation, car elle possède des qualités ataviques que nous aurons beaucoup de peine à nous approprier.

La Chine nous est supérieure non seulement dans l'art de savoir vivre et dans son pouvoir surprenant d'assimilation, mais elle nous est encore infiniment supérieure dans les idées et dans les pratiques humanitaires.

Ceux qui connaissent les théories des philosophes chinois ont pu se faire une conception de leur respect immense pour la personne humaine, de leur dédain, de leur mépris envers la brutalité, la violence.

Les Chinois considèrent la guerre comme un crime de lèse-humanité, comme une survivance des temps barbares et ils nous appellent avec raison les barbares de l'Occident.

Tous les philosophes chinois s'appliquent à répandre le respect, l'estime, l'amour envers nos semblables.

Cet amour, cette déférence de l'individu envers son prochain a atteint un tel degré de perfection chez eux que le Chinois, au lieu de se venger de la personne qui l'a offensé, préfère se punir lui-même ; il espère provoquer ainsi un remords salutaire qui guérira son offenseur de sa méchanceté et il n'essayera plus de nuire à d'autres individus.

Par ce moyen, l'offensé obtiendra deux beaux résultats ; son ennemi deviendra son ami et il préservera en même temps les autres des mauvais penchants de son offenseur.

C'est une théorie d'une valeur morale incommensurable et que nous les Occidentaux nous avons de la peine même à comprendre ; car nous vivons dans un milieu social bien plus imparfait au point de vue humanitaire.

Quand la civilisation chinoise se sera mise en contact intime avec la nôtre, elle pourra nous apprendre une infinité de choses nobles et utiles.

**Militarisme.** — La Chine avec son sage système de gouvernement a su grouper sous son sceptre les races les plus différentes; les plus belliqueuses et les rendre pacifiques et laborieuses.

En des temps où les moyens de communication étaient peu nombreux et pénibles, elle a su réunir et amalgamer une population de plus de 400 millions d'habitants de toutes les races, de toutes les religions.

La Chine a pu bannir la guerre de ses immenses territoires pendant un nombre considérable de siècles et si les Européens n'avaient pas menacé son indépendance elle n'aurait jamais plus connu de guerres.

Ce que le peuple chinois a pu réaliser en des temps où les moyens de communications étaient les plus rudimentaires, il serait vraiment honteux que nous ne soyons pas capables de le faire avec tous nos immenses progrès industriels qui permettent la transmission et la fusion rapide des mœurs et des idées.

Cette guerre et le spectacle de toutes les souffrances, de toutes les misères, de toutes les ruines qu'elle a accumulées aura sans doute guéri ces philosophes de la violence qui considéraient la guerre comme un élément de progrès et de sélection de l'espèce humaine.

Tout ce qu'il y avait de plus solide, de plus vigoureux, de plus ardent a péri sur les champs de bataille et ceux qui restent sont en grande partie des malades, des invalides, des éclopés : un nombre immense de territoires ont été incendiés, ravagés, saccagés ; on a accumulé ruines sur ruines.

Magnifique sélection et splendide progrès !!!...

**Le Japon.**— Et pour terminer, nous dirons deux mots seulement sur le Japon que nous ne connaissons point intimement pour nous permettre des appréciations sur ses mœurs.

Les Japonais nous ont donné une idée lumineuse du pouvoir d'assimilation de la race jaune.

Le Japon, peuple de navigateurs, s'est trouvé plus facilement en contact avec la civilisation européenne ; il a mieux pu comprendre le péril auquel était exposée la race jaune.

Aussi, sans aucune hésitation, il a rejeté ce qu'il y avait d'encombrant dans sa civilisation et il a adopté le côté pratique et rationnel de la nôtre.

Sa transformation et ses progrès furent tellement rapides et extraordinaires que le monde entier en est resté ébloui, émerveillé.

Peuple éminemment intelligent et industrieux, il se trouve à la tête de la civilisation d'Orient et il sera d'une aide précieuse à la Chine dans sa nouvelle évolution.

# Conclusion.

Si notre réforme est adoptée par la France et par l'Angleterre, toutes les autres nations de la civilisation chrétienne seront obligées de l'accepter non seulement parce qu'aucune nation ne possédera l'autorité morale nécessaire pour créer et divulguer une nouvelle mode, mais surtout parce que cette réforme s'impose par sa haute valeur morale.

Les motifs qui ont déterminé cette réforme sont d'une telle gravité qu'aucune nation au monde n'oserait prendre la responsabilité de rétablir une coutume qui a été l'origine du plus grand cataclysme qui ait jamais bouleversé, ravagé l'humanité.

D'ailleurs toutes les nations indistinctement ont le plus grand intérêt à appliquer une réforme qui les débarrassera pour toujours de leurs ennemis intérieurs et extérieurs.

Comme nous l'avons démontré, notre réforme supprime en même temps le militarisme, la réaction et la démagogie ; elle réalise l'union sacrée de tous les partis et de tous les individus.

C'est une nouvelle ère de paix, de bonheur, de réel progrès qui s'ouvrira pour tous les peuples ; aussi il ne peut pas y avoir d'opposition.

Cette réforme géniale permettra à la race espagnole-portugaise de conserver et de perfectionner les nobles traditions familiales et sociales qui constituent sa supériorité et son légitime orgueil.

Nos réformes permettront à l'Angleterre d'élever le niveau moral de ses masses laborieuses et d'établir une union intime entre les individus des différentes catégories sociales ; les belles qualités morales et physiques des classes supérieures et moyennes s'étendront ainsi à toute la Nation.

Le contact en public obligatoire imposé par nos réformes rendra à l'Allemagne des mœurs sociales plus suaves, plus déférentes, plus fraternelles.

Dans notre livre, nous nous sommes occupés tout spécialement de la France et nous jugeons inutile d'insister sur les bienfaits que notre réforme lui apportera.

La Russie pourra sans aucune crainte démocratiser ses institutions politiques et se placer ainsi à la tête de la civilisation.

Les pays musulmans et la Chine seront rapidement absorbés par la beauté, par la supériorité de notre nouvelle civilisation et elles appliqueront elles aussi nos réformes.

La paix et le bonheur régneront éternellement sur la terre.

Toutes les nations devront imiter l'Espagne et instituer un théâtre populaire qui puisse élever rapidement le niveau moral, intellectuel des masses laborieuses et dans quelques années d'ici la terre sera peuplée d'artistes et de poètes.

# PSYCHOLOGIE DU COMMERCE
# PAR RAPPORT A LA GUERRE

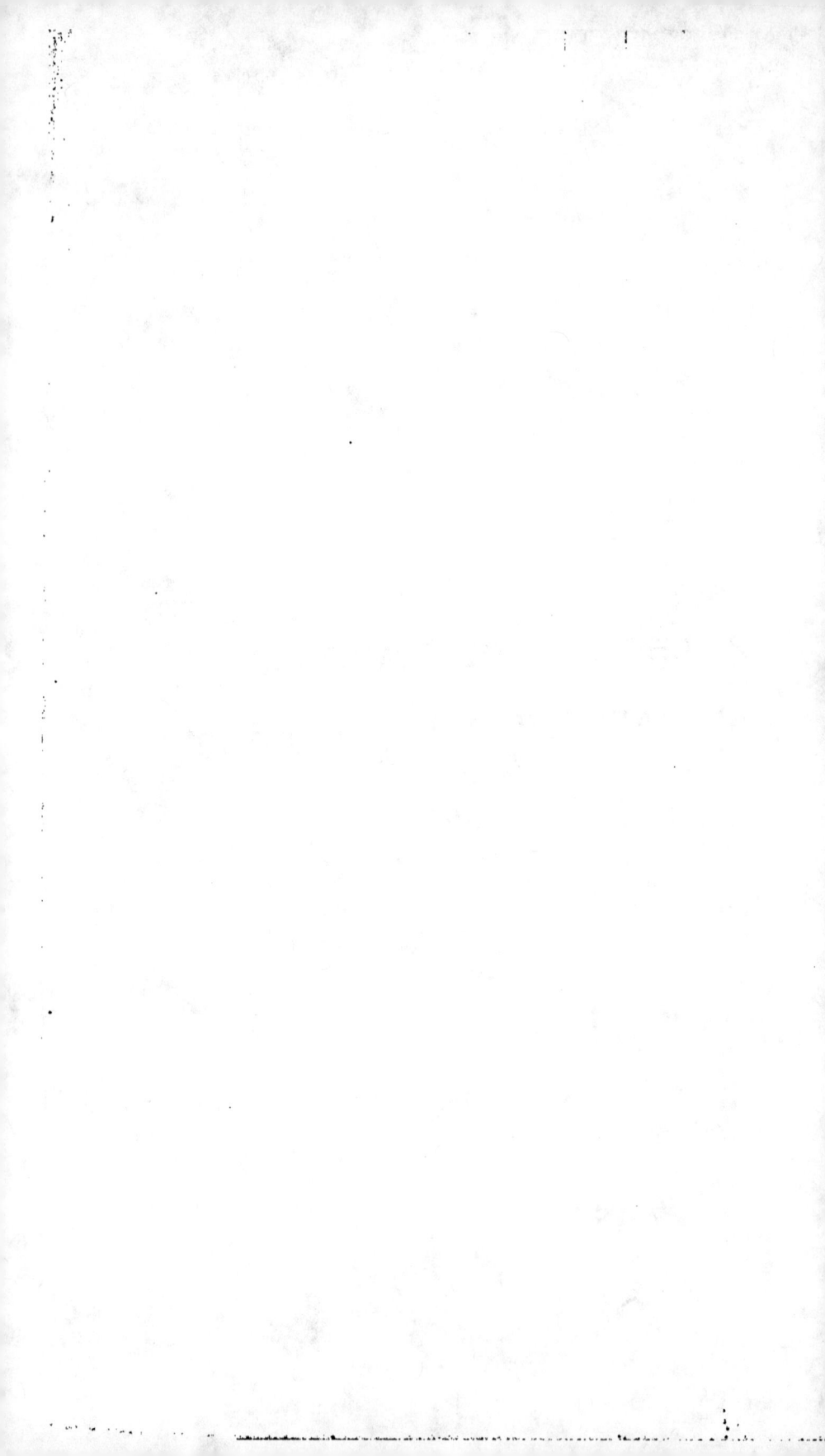

# Le crédit, le commerce et la guerre.

**Introduction.** Avant de commencer notre exposé sur la reconstitution historique de l'évolution du commerce international d'exportation, nous jugeons opportun de le faire précéder par une étude psychologique sur le crédit commercial dans ses rapports avec la guerre.

Cette étude permettra aux profanes du commerce de pouvoir suivre et comprendre plus facilement notre thèse sur les origines économiques de la guerre.

**Le crédit.** — Nous commençons par déclarer que nous ne sommes pas du tout contraire au crédit quand il ne dégénère pas en abus.

Nous considérons le crédit comme un excellent moyen pour développer les affaires, pour mettre en valeur les ressources naturelles d'une nation et il mérite par là tous les encouragements.

Nous nous insurgeons simplement contre l'abus de crédit parce que celui-ci est susceptible de provoquer des troubles profonds dans la situation intérieure des nations industrielles ; troubles qui peuvent soulever à leur tour des conflagrations internationales.

Or les longs crédits constituent justement un abus qui doit inévitablement porter le désordre et le désastre dans le commerce et spécialement dans l'industrie.

Les conditions sociales et politiques des nations industrielles se trouveront par ce fait si profondément affectées que, pour s'éviter des conflits intérieurs, elles seront obligées de les provoquer à l'extérieur.

Mais pour bien faire comprendre au public pourquoi les longs crédits constituent un abus nous jugeons utile de donner quelques définitions et quelques éclaircissements sur le crédit commercial.

Le crédit est le degré de confiance qu'un fournisseur accorde à son client.

Ce degré de confiance se traduit par un délai de temps plus ou moins long que ce fournisseur concède à son client pour le payement des marchandises vendues.

Le degré de confiance que l'on accorde est en relation avec la solvabilité du client.

La solvabilité d'un client consiste dans le capital dont celui-ci dispose et aussi dans sa moralité, car sans celle-ci le capital ne suffirait pas pour garantir les créances du fournisseur.

Pour que le fournisseur puisse connaître constamment et exactement le degré de confiance que mérite son client, il faudrait qu'il puisse suivre facilement ce dernier dans ses opérations.

Or il est absolument impossible qu'un fournisseur puisse suivre les opérations de son client pour le simple motif que celui-ci peut acheter à plusieurs sources et se dérober à tout contrôle.

Le client pourrait acheter chez différents fournisseurs des sommes de marchandises supérieures à ses responsabilités, ce qui l'exposera, en cas d'une crise, à ne pouvoir faire face à ses engagements, et les fournisseurs perdraient leur avoir.

**Courts crédits.** — Pour se garantir contre les pertes, les fournisseurs n'auront qu'un seul moyen : réduire les délais de payements à des limites de temps qui empêchent leurs clients de faire des achats exagérés qui pourraient les mettre dans l'impossibilité de faire face à leurs engagements.

Si tout le commerce pratiquait le système des courts délais (par exemple 30 à 90 jours au maximum, comme c'était anciennement avant l'empiètement allemand), la stabilité commerciale serait complètement assurée.

Effectivement si les délais de payement sont courts, les négociants devront toujours posséder un fonds de réserve propre pour faire face à leurs engagements ; ils devront limiter leurs affaires par rapport au capital dont ils disposent ; ils deviendront nécessairement prudents et ils ne se lanceront point dans des opérations hasardeuses.

Ils seront obligés de surveiller attentivement leurs affaires, de ne pas excéder dans leurs achats, car les échéances approchant rapidement, il faudra leur faire face.

Les négociants au détail n'accorderont que très difficilement du crédit aux particuliers et dans tous les cas ils seront excessivement prudents car ils risquent leur capital et ils ne voudront point se mettre dans l'embarras.

Dans ces conditions, les négociants s'évitent des déboires et les fournisseurs ne perdront pas leur argent.

Par le système des courts délais, les négociants au détail ne pourront pas forcer la consommation par le crédit et leurs achats répondront exactement aux besoins des populations par rapport aux ressources d'argent dont celles-ci disposent.

Tout le mouvement commercial se trouvera complètement équilibré : la consommation par rapport aux besoins justifiés des négociants et des particuliers ; la production par rapport à la consommation.

Ne pouvant pas y avoir d'excès dans la consommation, il n'y aura point d'excès dans la production et l'harmonie sera parfaite.

Par excès dans la consommation nous entendons toutes les marchandises achetées qui ne seraient point garanties par la solvabilité des acheteurs : négociants ou particuliers.

Sous le régime des courts délais, le stock de marchandises accumulées chez les négociants appartiendra à ces derniers ayant été réglé et payé.

S'il arrive une crise passagère, les négociants limiteront leurs achats et liquideront leur stock ce qui leur permettra d'attendre la fin de la crise sans trop d'inconvénients.

Les fournisseurs diminueront momentanément leurs affaires mais ils ne perdront pas d'argent ; il n'y aura pas de faillites ou presque pas.

Les crises commerciales ne pourront être que légères au point de vue du mouvement commercial international, car elles seront généralement la conséquence de mauvaises récoltes dans quelques régions isolées du globe.

La production internationale dans le cas de ces petites crises sporadiques limitera insensiblement son essor sans que des troubles graves puissent l'affecter.

Si nous admettons que le progrès et le bonheur d'une nation sont en rapport direct avec le développement harmonieux de son industrie et de son commerce, nous pouvons affirmer que le système des courts délais est la base du bien-être et de la stabilité intérieure et extérieure des nations, spécialement des nations industrielles.

**Longs crédits.** — Examinons à présent l'évolution du mouvement commercial sous l'influence des longs crédits.

Nous avons dit que les Allemands se sont emparés du commerce international et se sont enrichis; poussant les peuples à la consommation de leurs produits par le système des longs crédits.

Par ce système, les Allemands ont complètement bouleversé et brisé les sages traditions qui réglaient anciennement les transactions commerciales.

En allant contre les règles les plus élémentaires de la sagesse et de la prudence, les Allemands, pour s'emparer de la clientèle internationale, ont accordé aux négociants des délais de payements de six à huit mois et même davantage, avec toutes les faci-

lités pour les renouvellements, ce qui prolonge encore indéfiniment le crédit.

Naturellement les négociants des pays importateurs ont accepté
avec empressement les articles allemands et favorisé leur vente,
car les longs délais leur permettaient de travailler presque sans
capital, d'étendre indéfiniment leurs affaires et de s'enrichir
rapidement sans aucun risque de leur part.

Effectivement les négociants, pendant ce long délai de crédit,
avaient la possibilité de vendre la plus grande partie de la marchandise et ils pouvaient ainsi travailler presque exclusivement
avec le capital de leurs fournisseurs.

Pendant de longues années, les Anglais et les Français n'ont
pas voulu suivre les Allemands sur cette pente dangereuse qui
les aurait amenés au désastre et voilà comment ils ont perdu
presque entièrement les marchés d'exportation.

Quand enfin ils se sont ravisés et ont cherché à réagir en adoptant timidement le système des longs crédits, c'était trop tard :
les Allemands s'étaient déjà entièrement emparés de la clientèle
internationale et, pour la tenir plus facilement dans leurs mains,
ils devenaient bien souvent les commanditaires de leurs propres
clients.

Mais en même temps que les Allemands s'emparaient des
marchés d'exportation et s'enrichissaient, ils préparaient la ruine
du commerce international et la leur propre.

Au moyen des longs crédits ils ont fomenté artificiellement le
mouvement commercial et industriel; ils ont forcé la consommation et la production et ce procédé devait fatalement amener
les plus terribles conséquences.

Avant de passer à l'indication de ces conséquences, il est utile
de connaître exactement comment les longs crédits ont pu
fomenter artificiellement le mouvement commercial et industriel.

Anciennement, sous le régime des courts délais, le mouvement commercial était en relation avec les ressources effectives des négociants et des consommateurs, c'est-à-dire que les achats répondaient exactement aux moyens dont disposaient les négociants et les particuliers.

Dans ces conditions, le mouvement commercial n'avait rien de factice ; il était au contraire bien réel et solidement fondé.

Le système des longs crédits a complètement changé tout cela et nous allons le voir.

Ce nouveau système de crédit permettra aux négociants de travailler presque exclusivement avec le capital de leurs fournisseurs, d'étendre considérablement leurs affaires sans ne plus offrir aucune garantie à leurs créanciers.

Les négociants audacieux pourront s'attribuer d'autorité un crédit bien supérieur à leur solvabilité, ce qui les exposera même en cas d'une crise légère à ne pouvoir faire face à leurs engagements et, comme ils auront la possibilité de renouveler leurs effets en donnant de faibles acomptes, ils pourront proroger indéfiniment le payement intégral de leurs dettes.

Pendant ce temps ils seront obligés d'entamer le capital de leurs fournisseurs représenté par les marchandises qu'ils détiennent à crédit, et voici comment cela arrive.

Nous avons dit qu'au moyen des longs crédits les négociants auront la possibilité d'étendre considérablement leurs affaires et nécessairement ils seront obligés d'augmenter aussi leurs frais généraux : employés, loyers, etc. ; même leurs frais personnels en vue de l'étendue des bénéfices qu'ils pourront ou qu'ils s'imagineront réaliser par l'accroissement des affaires.

Or, à la suite d'une crise ces négociants ne pourront pas réduire soudainement tous ces frais et comme ils ne travaillent pas avec un fonds de réserve propre suffisant, voilà comment ils seront forcés d'entamer le capital de leurs fournisseurs.

Il se produira un déficit qui ne pourra que s'agrandir par le temps et après avoir recouru à de vains expédients, ces négociants audacieux seront fatalement acculés à la faillite ou à des arrangements souvent scandaleux ; naturellement dans ces arrangements ils sauveront facilement leur capital initial et même davantage.

Dans une faillite les négociants qui travaillent presque exclusivement avec le capital de leurs fournisseurs ont tout à gagner et rien à perdre.

Ce que nous venons d'exposer nous donnera l'explication du nombre fabuleux de faillites, concordats et pertes de toute sorte qu'il y a eu depuis l'adoption du système des longs crédits.

Sous le régime des courts délais les faillites étaient de rares et sensationnels événements ; sous le régime des longs délais les faillites, concordats, etc., sont devenus à l'ordre du jour et constituent des faits tout à fait naturels qui ne scandalisent plus personne.

Le négociant prudent arrivera difficilement à ces extrêmes, car il ne voudra même pas profiter des facilités de payement et s'il s'en sert il le fera avec la plus grande circonspection.

Et cependant, malgré sa prudence et son honnêteté, il pourra y être entraîné par les circonstances et nous allons expliquer comment.

Nous avons vu qu'à l'abri des longs délais les négociants audacieux pourront se lancer dans des opérations risquées qui les amèneront à la faillite ou à des arrangements scandaleux.

A la suite de ces arrangements, ces négociants peu scrupuleux se trouveront en possession de marchandises qu'ils n'auront point payées et qu'ils pourront vendre à bas prix en faisant ainsi une concurrence déloyale aux négociants prudents qui travaillent avec des capitaux suffisants.

Les négociants prudents, pour ne pas se voir ruinés, seront obligés d'augmenter leurs bénéfices en étendant leurs affaires, ce qu'ils pourront faire en profitant des longs crédits.

Ils deviendront ainsi, eux aussi, audacieux et naturellement ils s'exposeront aux mêmes inconvénients, aux mêmes désastres, et voilà comment tout le commerce se trouvera bouleversé, perverti et menacé d'une ruine générale.

Mais le système des longs crédits ne parvient pas seulement à corrompre et à pervertir tout le commerce, mais il corrompra, pervertira aussi le public, c'est-à-dire toute la société.

Le négociant audacieux qui ne risque point son argent, puisque à l'abri des longs crédits il peut travailler avec le capital de ses fournisseurs, deviendra naturellement généreux et il accordera facilement du crédit aux particuliers.

Cela servira à pousser, à forcer la consommation ; il pourra ainsi se défaire rapidement des marchandises achetées à crédit et réaliser de gros bénéfices.

Quand il se trouvera dans des moments critiques il fera même du crédit à tort et à travers, non seulement parce qu'il n'a rien à risquer mais parce qu'il aura au contraire tout à gagner.

Effectivement, si ses affaires tournent mal il pourra se prévaloir auprès de ses créanciers des crédits insolvables pour justifier sa mauvaise situation et obtenir ainsi des arrangements favorables.

L'abus du crédit chez les particuliers produira les plus fâcheuses conséquences dans la société.

Par le crédit on poussera les gens à la dépense, on fomentera l'avidité du luxe, de l'ostentation et cette vilaine passion prendra des proportions effroyables.

Ceux qui possèdent des moyens effectifs ne voudront point se laisser distancer par ceux qui vivent à crédit et même du crédit.

Ceux-ci une fois sur la pente du luxe voudront se maintenir au niveau de ceux-là et, s'ils ne trouvent plus de crédits, ils arriveront fatalement aux recours blâmables, spécialement chez la femme qui peut profiter de ses charmes.

On parviendra ainsi à fausser et à pervertir le sens moral de toute la population ; ce sera l'empoisonnement graduel de toute la société.

Nous croyons avoir suffisamment démontré comment le mouvement commercial de positif, solide et moral qu'il était sous le régime des courts délais était devenu artificiel, instable, immoral sous le régime des longs délais.

Les longs crédits ont provoqué un roulement vertigineux d'affaires mais complètement factice parce qu'il ne sera pas en relation avec les ressources effectives dont disposent les négociants et les consommateurs.

Il n'y aura plus aucune garantie positive pour les créanciers qui seront constamment exposés à perdre leur argent et tout le commerce se trouvera désemparé.

Le système des longs crédits non seulement produira la ruine morale du commerce et de toute la société mais il prépare en même temps des crises commerciales terribles qui provoqueront à leur tour des troubles tellement graves dans les conditions économiques et politiques des nations industrielles que celles-ci pour s'éviter des conflits intérieurs se verront acculées à la guerre.

Voyons à présent comment peuvent se produire ces terribles crises commerciales et comment celles-ci peuvent provoquer des conflagrations internationales.

Les longs crédits permettront aux négociants d'étendre indéfiniment leurs affaires selon leur habileté et le plus souvent selon leur audace.

Grâce aux facilités de payement, de nouveaux négociants pourront facilement s'établir et dans ces conditions la concurrence prendra des proportions formidables.

La fréquence des faillites, concordats, etc., permettra de rétablir périodiquement un peu d'équilibre et retardera pendant quelque temps la catastrophe finale.

L'abus de crédit chez les particuliers permettra de forcer la consommation et retardera encore la débâcle générale.

Mais la facilité d'avoir du crédit et des marchandises augmentera sans cesse la concurrence et celle-ci prendra de telles proportions que tout le monde se trouvera débordé, et malgré tous les expédients il deviendra absolument impossible de placer une exubérance de production sur des marchés littéralement encombrés, et chez des clients devenus en grande partie insolvables.

Il s'ensuivra fatalement une diminution d'affaires, la gêne, le malaise général, ce que l'on appelle vulgairement la crise.

Le système des longs crédits s'étant introduit dans des proportions plus ou moins sensibles, chez tous les pays importateurs, la crise commerciale deviendra générale et naturellement les pays les plus affectés seront ceux qui auront adopté plus facilement ce système imprudent de crédit.

Effectivement, chez les pays sud-américains qui ont le plus abusé des longs crédits, les crises commerciales ont été désastreuses ces dernières années d'avant la guerre.

Les faillites, concordats et pertes de toutes sortes ont pris des proportions fantastiques.

Or, les crises commerciales, quand elles sont d'un caractère international, doivent forcément affecter tous les pays industriels exportateurs dans des proportions qui seront en rapport avec le chiffre d'affaires réalisé dans les pays d'importation.

Devant l'impossibilité de placer la production, celle-ci devra nécessairement subir un temps d'arrêt, elle devra limiter son essor et nous aurons fatalement des crises dans l'industrie des pays exportateurs.

La paralysie de l'industrie portera comme conséquence le chômage forcé d'une grande quantité d'ouvriers, la ruine d'un grand nombre d'industries, la misère générale.

Si les crises sont formidables et prolongées, il se produira des troubles excessivement graves à l'intérieur d'une nation industrielle.

Tout le régime économique et politique sera profondément affecté, la nation entière se trouvera en face d'un problème insoluble par sa gravité et sa complexité, et devant la perspective d'un désastre irréparable les plus graves déterminations peuvent être prises par l'unanimité de la nation.

Je dis l'unanimité de la nation parce que chaque citoyen aura la notion exacte du danger qui menace lui et tous les autres puisque tout le monde court à la même ruine inévitable.

Dans ces conditions, tous les citoyens indistinctement comprendront qu'il faut absolument éviter ce danger même au prix d'un crime pourvu qu'il y ait des chances d'écarter la punition.

Toute personne, pour bonne qu'elle soit, poussée à bout peut devenir soudainement méchante et même féroce.

L'homme quand il se trouve ruiné ne va pas chercher si c'est de sa faute ; il ne sera qu'obsédé d'une idée fixe : éviter le désastre qui le menace et il fera tout son possible pour y parvenir ; ce sera un affolé qui agit, un irresponsable.

Si une occasion propice lui permet de se sauver en perpétrant impunément un crime, il n'hésitera point à le commettre ; au contraire, il ira résolument à sa rencontre et sans aucun remords ; les remords viendront plus tard et pas toujours.

Cela nous fera mieux comprendre comment tous les citoyens d'une nation puissent devenir collectivement criminels devant la menace d'une catastrophe inévitable où tout serait perdu : puissance, dignité, orgueil.

Le crime sera la guerre et l'impunité la victoire qui en plus les sauvera du désastre.

Dans ce cas, la victoire représente la force écrasant le droit qui condamnerait le crime et on évite ainsi la punition.

C'est vrai qu'une guerre malheureuse aggraverait encore davantage la situation économique.

Mais devant une ruine certaine, absolument inévitable, et la probabilité d'une victoire, il ne peut pas y avoir d'hésitation; tous les citoyens indistinctement voteront pour la guerre.

Et c'est justement le cas de l'Allemagne où tout le peuple s'est solidarisé avec ses dirigeants dans l'attaque injustifiable et perfide à des nations pacifiques.

L'Allemagne, qui détenait à elle seule les 2/3 du commerce d'exportation et qui consentait des crédits imprudents, devait fatalement se trouver profondément affectée par les terribles crises commerciales des dernières années d'avant la guerre.

Ses pertes ont été nécessairement énormes et ses industries se trouvaient menacées d'une paralysie générale.

C'était la catastrophe qui s'annonçait à l'horizon, et devant le désastre irréparable la guerre devenait la seule ancre de salut.

L'Angleterre et la France ont été au contraire très peu affectées par ces crises commerciales internationales.

D'abord parce que leurs exportations avaient été sensiblement réduites par la concurrence allemande ; ensuite parce qu'elles n'avaient presque pas accordé de longs crédits.

*P.-S.* — Nous croyons utile de parler accidentellement d'un système de primes à l'exportation dont le gouvernement allemand se servait pour favoriser certaines industries qui ne pouvaient pas rivaliser comme prix avec les similaires étrangères.

Nous admettons que ce système ait pu de son côté provoquer des troubles dans la situation économique allemande ; mais ces troubles ne pouvaient en aucun cas être aussi graves que ceux provoqués par l'abus des longs délais.

Primo, ces primes favorisaient un nombre restreint d'industries ; ensuite elles étaient alimentées par des revenus que le gouvernement allemand avait la possibilité d'augmenter même par un nouvel impôt en cas d'une nécessité impérieuse : enfin le gouvernement avait en son pouvoir nombre de moyens pour conjurer une crise de ce côté.

L'abus des longs crédits a produit au contraire des troubles **imprévus** tellement graves et **irréparables** que tout le monde en a été surpris et bouleversé y compris le gouvernement.

Et cela était inévitable puisque tout le commerce allemand s'appuyait sur l'artifice, c'est-à-dire sur un système de crédit complètement faux, erroné, et naturellement si une fissure se produisait tout l'édifice devait rapidement s'écrouler, tel un château de cartes, sans laisser à personne le temps ni de se défendre, ni de se sauver.

**Conclusion.** — L'Angleterre, la France et toutes les autres nations n'ayant été que très légèrement affectées par les dernières crises commerciales internationales d'avant la guerre ne pouvaient pas se douter des ravages immenses que ces crises avaient pu provoquer en Allemagne.

La gravité de ces crises était difficile à évaluer et les causes qui les avaient déterminées échappaient complètement à la compétence de ceux qui dirigent les destinées des peuples.

Les hommes politiques se trouvent dans l'impossibilité de suivre les évolutions du commerce international qui sont très compliquées et très difficiles à saisir même pour une personne du métier.

Il était donc indispensable de faire une relation historique du mouvement international depuis l'expansion allemande et d'en tirer les déductions logiques pour que nos dirigeants fussent à même de saisir facilement la gravité de ces crises avec leurs conséquences désastreuses pour la paix des peuples ; et cette relation, ne pouvait la faire qu'un négociant bien familiarisé avec le commerce international.

Nous sommes absolument convaincus que tous ceux qui prendront connaissance de notre étude ne pourront plus conserver aucun doute sur les réelles origines de la conflagration actuelle et ils seront complètement de notre avis.

Connaissant le mal et ayant le désir ardent de l'éviter, il sera facile à ceux qui dirigent nos destinées de se mettre d'accord pour chercher et appliquer le remède approprié et nous avons déjà indiqué ce remède.

# LA VÉRITÉ

# SUR LA GUERRE

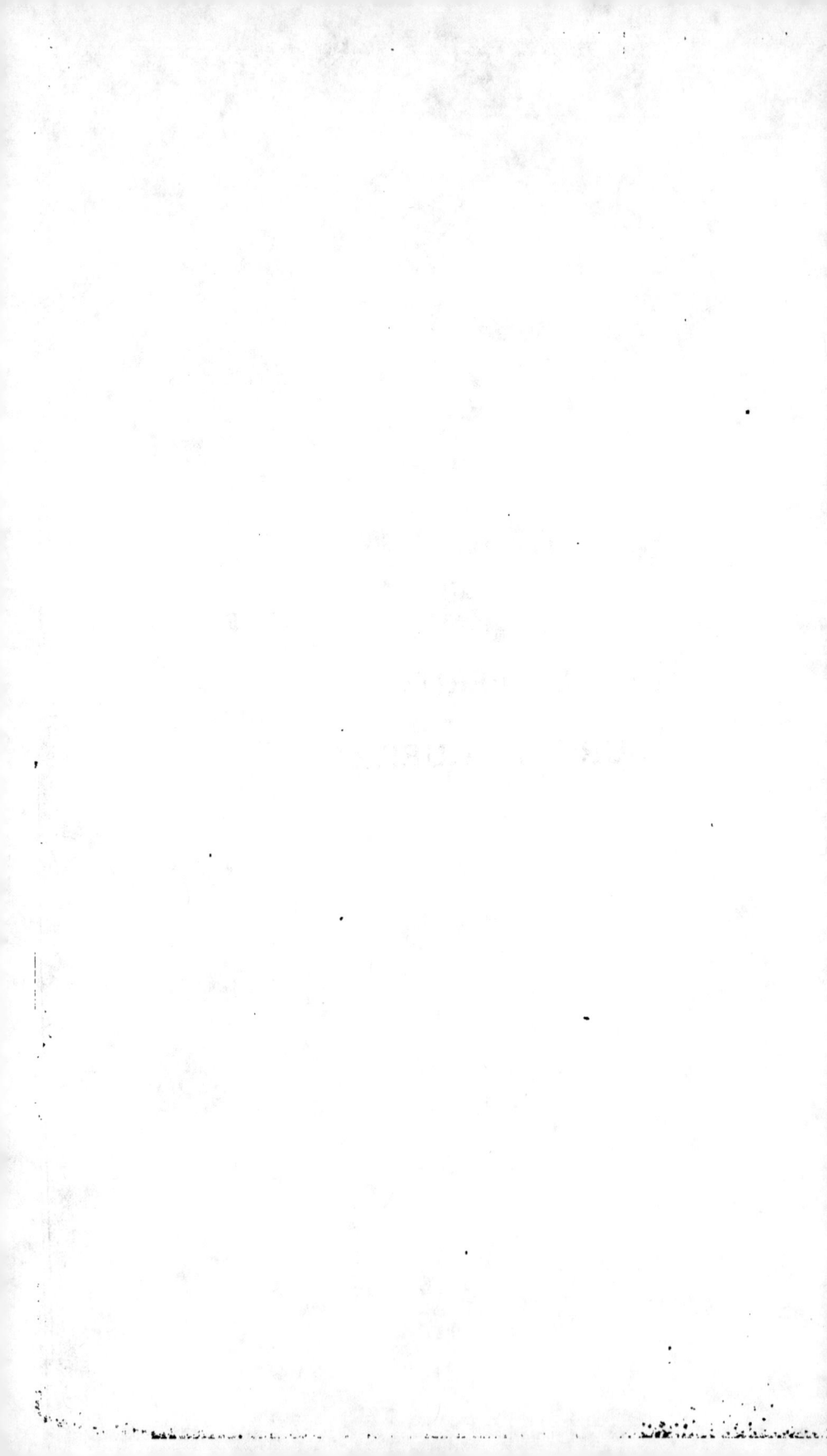

# Introduction.

Le monde entier admire avec raison le colossal édifice industriel et commercial élevé par l'Allemagne dans un espace de temps relativement court.

Or, bien des personnes se demandent avec stupeur comment le gouvernement impérial a pu se lancer avec tant de légèreté dans un si grave conflit, au risque de perdre d'un seul coup les magnifiques résultats acquis avec tant de peine et tant de sacrifices : car il ne devait point oublier que l'issue d'une guerre est toujours douteuse si fort que l'on soit.

Et ce qui étonne encore davantage, c'est l'assentiment unanime donné par le peuple allemand à la conduite du gouvernement, sans soulever la plus légère objection.

Comment expliquer cette attitude étrange ?

Elle s'explique par le fait que le gouvernement impérial, aussi bien que le peuple allemand, savaient parfaitement que cet admirable édifice économique se trouvait terriblement ébranlé et menaçait de tomber en ruines.

Les dernières crises commerciales qui ont sévi dans le monde entier, avant la guerre, avaient puissamment affecté la prospérité économique de l'Allemagne : la gêne, le malaise devaient nécessairement troubler tout le ressort social.

Un désastre épouvantable s'annonçait à l'horizon, et devant cette terrible perspective le peuple allemand accepta docilement la guerre comme une cruelle et inéluctable nécessité.

Je suis absolument convaincu que la mauvaise situation économique de l'Allemagne a exercé une influence décisive sur l'attitude du gouvernement impérial et de son peuple.

Il convient donc de rechercher si cette situation était tellement menaçante et susceptible par là de provoquer un état d'âme favorable à la guerre.

Nous avons dit qu'elle était excessivement critique ; il convient à présent de le prouver.

Or, s'il nous est très difficile de déterminer avec précision les conditions économiques d'une nation, en revanche il nous sera facile de démontrer que les moyens adoptés par l'Allemagne pour développer son expansion économique étaient complètement erronés et susceptibles de provoquer plus tard l'écroulement de l'édifice.

Par un exposé sommaire sur les origines du commerce international allemand, il nous sera aisé de connaître et de juger les procédés qui ont engendré cette prospérité rapide de l'industrie et du commerce allemands et qui ont préparé en même temps sa future débâcle.

L'Allemagne s'est montrée supérieure dans l'art d'imiter et de reproduire tous les articles de fabrication anglaise et française à des prix plus avantageux mais aussi de qualité bien inférieure.

J'admets que depuis ses débuts l'Allemagne a sensiblement amélioré sa production, et aujourd'hui il n'y a plus le même écart entre les produits allemands et les produits anglo-français.

La supériorité incontestable des articles anglo-français qui s'étaient antérieurement imposés dans le monde entier aurait empêché les articles allemands de s'y introduire d'une façon définitive, ou, tout au moins, en aurait limité son expansion.

C'est alors que l'Allemagne, qui voulait à tout prix s'emparer du commerce d'exportation, se sert d'une nouvelle arme : les longs crédits.

En allant contre toutes les règles de sagesse et de prudence, elle chercha à écarter ses concurrents en accordant de grandes facilités de payement aux négociants.

Nous allons à présent expliquer en détail l'évolution du commerce international sous l'influence des procédés allemands.

# Évolution du commerce d'exportation.

Quand les Allemands ont débuté dans le commerce d'exportation, celui-ci se trouvait presque entièrement dans les mains de l'Angleterre et de la France.

Les fabricants de ces deux nations avaient l'habitude de traiter avec les maisons en gros des pays importateurs par l'intermédiaire des commissionnaires qui se chargeaient eux-mêmes de visiter la clientèle.

Les fabricants, pour ne pas se brouiller avec les maisons en gros, ne vendaient pas aux négociants de détail des pays importateurs excepté dans des circonstances tout à fait particulières.

Les commissionnaires payaient généralement les fabricants à trente jours, et ils ouvraient aux maisons en gros des comptes courants dont l'importance était en relation directe avec le degré de solvabilité du client.

La clientèle des négociants au détail des pays importateurs dépendait donc des maisons en gros qui, étant de la région, avaient la possibilité d'évaluer le degré de confiance que méritait chaque client.

Dans ces conditions, la stabilité du commerce local et interational était assurée.

Les Allemands ont complètement bouleversé les sages traditions d'antan.

Dans leurs débuts, les Allemands, eux aussi, se sont adressés aux maisons en gros des pays importateurs, mais celles-ci n'ont pas fait un bon accueil à leurs produits, les trouvant généralement très inférieurs en qualité aux articles similaires franco-anglais, quoique d'un prix plus avantageux.

D'autre part, les négociants en gros étaient depuis longtemps en trop bonnes relations avec les fabricants et commissionnaires anglo-français pour introduire des articles similaires inférieurs, qui auraient fait la concurrence à leurs produits, lesquels s'étaient imposés depuis longtemps aux goûts du public et avaient donné d'excellents résultats.

Éprouvant des difficultés à pénétrer chez les maisons en gros, les Allemands se sont adressés directement aux négociants au détail en leur offrant de longs délais de payements : de 6 à 8 et même 10 mois de crédit et avec toutes les facilités pour renouveler les effets, ce qui prolongeait indéfiniment le crédit.

Le but évident des Allemands était d'intéresser les négociants au détail à la vente exclusive de leurs produits, de les détacher des maisons en gros et ainsi accaparer le commerce international d'exportation.

Les négociants au détail ont accepté avec empressement les offres des Allemands pour plusieurs raisons.

D'abord parce qu'ils s'émancipaient des maisons en gros, qui prélevaient d'assez forts bénéfices sur les marchandises et qui étaient généralement tyranniques dans la question des crédits.

Ensuite, l'article allemand leur permettait de réaliser de plus gros bénéfices ; ils pouvaient le faire passer pour anglo-français, le vendre un peu meilleur marché et gagner davantage, au détriment du public qui se laissait facilement tromper.

Mais la raison principale qui a disposé les négociants au détail en faveur des produits allemands réside essentiellement dans les facilités de crédit.

Grâce aux échéances à long terme, ils ont vu la possibilité d'élargir leur cercle d'affaires et de s'enrichir rapidement sans presque exposer leur argent, car, pendant le délai de 6 à 10 mois, ils avaient la probabilité de vendre presque entièrement la marchandise reçue à crédit, ce qui leur permettait de travailler avec le capital de leurs fournisseurs.

C'est dans les longs crédits que réside le secret de l'expansion rapide du commerce et de l'industrie allemands.

Quand les maisons en gros ont vu que l'article allemand s'était introduit dans les habitudes du public, elles ont dû, à contre-cœur, l'introduire à leur tour et accorder les mêmes facilités de payement pour ne pas perdre toute la clientèle.

En achetant l'article allemand, les maisons en gros pourront elles aussi profiter des longs crédits et augmenter sensiblement leur chiffre d'affaires, ce qui les exposera aux mêmes inconvénients auxquels seront exposés les petits négociants comme nous le verrons dans la suite de notre relation.

# Conséquence des longs crédits
## par rapport à la solvabilité des clients.

Anciennement, les maisons en gros des pays importateurs accordaient aux négociants au détail des crédits prudents de 30 à 90 jours au maximum, et cette mesure judicieuse mettait le client dans la nécessité de surveiller attentivement ses affaires et l'éloignait de toute opération aventureuse, de tout achat exagéré, car les échéances approchant rapidement, il fallait leur faire face.

Les maisons en gros avaient encore l'habitude de travailler en compte courant avec certains clients.

Par ce système, le détaillant pouvait acheter une certaine quantité de marchandises et la payer à mesure qu'il avait de l'argent disponible.

Mais il faut considérer que dans ce cas la maison en gros devenait le fournisseur presque exclusif du négociant en détail et elle pouvait le suivre facilement dans son évolution.

Si le client avait des difficultés à faire des versements, la maison en gros lui limitait le crédit, lui réduisait les achats ; si au contraire le client activait les remises, alors c'était signe que son commerce prospérait et on lui allongeait le crédit.

Dans les deux cas, les maisons en gros étaient à couvert ou, tout au moins, les pertes étaient très limitées.

Le système des longs délais de payements a jeté la confusion, le désordre, l'insécurité dans l'évaluation des crédits.

Grâce aux facilités de payement, le client pourra travailler presque exclusivement avec le capital de ses fournisseurs ; étendre indéfiniment ses affaires selon son énergie, son adresse, son initiative et trop souvent selon son audace, sa témérité.

En attendant, le fournisseur se trouvera dans l'impossibilité de suivre et de surveiller efficacement les opérations du client qui achète à plusieurs sources et peut embrasser beaucoup d'affaires.

Le négociant pourra ainsi se dérober complètement au contrôle, à la vigilance du fournisseur qui n'aura plus aucune base positive pour établir le degré de confiance que mérite son client.

C'est le régime des ténèbres et le fournisseur doit fatalement procéder au hasard.

Sous le régime des courts délais, le degré de solvabilité du client dépendait presque exclusivement du capital employé dans son commerce et, dans une certaine mesure aussi, de son honorabilité et de son habileté.

Sous le régime des longs délais, il arrive juste l'inverse. Le fournisseur doit s'appuyer presque exclusivement sur l'honorabilité et l'habileté du client, car le capital employé devient insignifiant par rapport aux affaires qu'il peut embrasser.

Or, l'honorabilité et l'habileté d'une personne étant excessivement difficiles à évaluer, il s'ensuit que dans les questions des crédits on est forcé de procéder complètement au hasard.

Le fournisseur n'aura d'autre souci que de placer le plus possible de marchandises et il s'apercevra que le client est mauvais quand il saura qu'il y a un protêt ; mais alors son capital sera presque perdu.

En effet, avant de laisser protester une lettre, le négociant a beaucoup de recours : il peut faire renouveler indéfiniment ses engagements en donnant des acomptes ; liquider à bas prix la marchandise, boucher un trou pour en ouvrir un plus grand, et quand il sera à bout d'expédients, avant de laisser protester une lettre, il tâchera encore de faire un arrangement avec ses créanciers pour éviter ainsi la faillite et continuer à vivre et quelquefois même à s'enrichir aux dépens de ses fournisseurs.

Il offrira du 30 ou du 40 % que ses fournisseurs seront obligés d'accepter s'ils ne veulent pas s'exposer à perdre le tout.

Sous le régime des courts délais, le négociant risquait son capital et il était nécessairement prudent, tandis qu'avec les longs délais il ne risque plus que celui de ses fournisseurs et il devient bien plus audacieux.

Le système des longs crédits incite même le négociant à se lancer dans des opérations aventureuses et, naturellement, en cas de débâcle tant pis pour les fournisseurs.

Il y a des maisons qui travaillent presque exclusivement sur le crédit et qui réalisent de gros chiffres avec des capitaux insignifiants ; mais aussi à la première tourmente, c'est le naufrage, car il ne peut pas y avoir de résistance là où il n'y a pas de bases solides, de responsabilités bien définies, effectives.

## Conséquence de l'abus des longs crédits,
## par rapport à la concurrence.

Les facilités de payement non seulement engendrent le marasme, l'insécurité dans le crédit, mais encore elles provoquent une concurrence désastreuse, la ruine complète du commerce dans tous les pays qui tomberont sous l'influence des procédés allemands.

Grâce aux longs délais les négociants pourront doubler, tripler, etc. leurs achats ; augmenter dans la même proportion leur chiffre d'affaires.

C'est l'accroissement indéfini des commerçants d'une région, car, par le fait même de pouvoir doubler, tripler, etc., son chiffre d'affaires, chaque négociant compte pour deux, pour trois, etc. selon son intelligence, son initiative et trop souvent selon son audace, sa témérité.

Les facilités de payement permettront encore l'établissement d'une foule de nouveaux commerçants.

Dans ces conditions, les négociants se trouveront augmentés d'une façon prodigieuse et la concurrence prendra forcément des proportions fantastiques.

A la suite de ces considérations, il nous vient à l'esprit la réflexion suivante : Si une pareille concurrence pouvait se produire, il y aurait en peu de temps une crise épouvantable, car ni les consommateurs, ni leurs richesses ne peuvent augmenter par enchantement dans le même espace de temps que se produit la concurrence. Une crise formidable se produira effectivement mais pas tout de suite et nous allons expliquer le pourquoi.

La consommation augmentera d'une façon prodigieuse pendant un temps relativement long et ce sera en grande partie cette foule de nouveaux négociants qui se chargera de la faire accroître.

Nous avons dit que les produits allemands se prêtaient à la réalisation de plus gros bénéfices.

Cela permettra à ces négociants d'augmenter sensiblement leurs dépenses et celles de leurs familles.

Il y aura donc une augmentation de la consommation générale d'une région.

A la faveur des longs crédits, le négociant pourra étendre son cercle d'affaires, augmenter les employés, les frais généraux, etc.

Il y aura encore un accroissement considérable dans la consommation.

Celle-ci se trouvera encore augmentée par tout l'argent perdu dans les faillites, concordats, etc., etc.

Prenez les statistiques des pays dominés par le commerce allemand et vous serez effrayés des quantités énormes de concordats, faillites, etc. qu'il y a eus depuis le régime des longs crédits.

Anciennement les concordats, faillites étaient de rares événements en Espagne, en Italie et dans tous les pays importateurs : depuis l'empiètement allemand, ils sont devenus à l'ordre du jour ; c'est un vrai scandale.

Tous les vieux commerçants et les vieux voyageurs de commerce vous confirmeront cette triste vérité.

Or, tous ces 30, 40 et même 70 % des sommes perdues par les fournisseurs, c'était de l'argent qui avait fomenté abusivement la consommation, c'est-à-dire que les négociants tombés avaient fait augmenter la consommation en dépensant l'argent de leurs fournisseurs.

Les négociants allemands pouvaient facilement se défendre contre les pertes en majorant leurs prix d'un 10 et même d'un 15 % et en instituant ainsi un fonds d'assurance.

Il ne faut pas oublier que l'Allemagne exportait essentiellement des produits manufacturés sur lesquels on pouvait réaliser
de gros bénéfices spécialement après avoir éliminé ses concurrents.

Par ce système, l'Allemagne croyait pouvoir s'enrichir indéfiniment en drainant l'argent du monde entier ; mais elle s'était
trompée dans ses calculs comme nous le verrons dans la suite.

Incidemment nous ferons observer que la fréquence des
concordats, faillites a produit une hausse formidable dans le
prix de tous les articles, car les fabricants, les commissionnaires
et les maisons en gros ont dû augmenter sensiblement le prix
de leurs marchandises pour se garantir contre les pertes.

Le bon public devenait ainsi la victime des négociants imprudents, audacieux, souvent peu scrupuleux, qui avaient fait de
mauvaises affaires.

En revenant à la consommation, nous aurons encore une augmentation considérable en raison des facilités de crédit que les
commerçants feront aux particuliers : on devient généreux avec
l'argent des autres.

Et voilà comment la consommation a pu augmenter considérablement pendant un temps relativement long sans porter
de graves perturbations.

Il y a eu au contraire un roulement vertigineux d'argent et
d'affaires qui nous aura donné l'illusion d'une grande prospérité.

Mais il ne faudra pas s'y fier, car cette prospérité ne sera que
fugace, éphémère et elle nous prépare la ruine, la déchéance.

A côté de cette prospérité factice, la concurrence monte, monte
comme la marée et il arrivera fatalement un moment où tout le
monde se trouvera débordé.

Malgré toutes les facilités de payements et malgré tous les
expédients imaginables et possibles, il deviendra absolument
impossible de placer une exubérance de production sur des mar-

chés totalement encombrés et chez des clients devenus en grande partie insolvables.

Il s'ensuivra forcément une diminution d'affaires, la gêne, le malaise général, ce que l'on appelle vulgairement la crise.

Ajoutez à cela une mauvaise saison ou une calamité quelconque et vous aurez la catastrophe.

Nombre de négociants se trouveront dans l'impossibilité d'écouler et par suite de payer les marchandises qui se trouvent accumulées chez eux.

Ils demanderont des sursis, des renouvellements et, pendant ce temps, ils liquideront l'argent de leurs fournisseurs représenté par les marchandises qu'ils détiennent à crédit.

Pour éloigner le jour de la débâcle, ils essayeront bien souvent des opérations douteuses, louches, même criminelles ; ils vendront la marchandise à n'importe quel prix, en faisant du tort aux négociants prudents qui travaillent avec des capitaux suffisants.

Et après bien des souffrances, des avatars, des hontes, ils seront quand même acculés à la faillite ou à des arrangements scandaleux.

Voilà où nous amènent les longs crédits ; et la quantité énorme de concordats, faillites, pertes de toute sorte, qu'il y a eu dans tous les pays, depuis qu'ils sont tombés sous l'influence du commerce allemand, en sont la preuve évidente.

Mais pour se donner une idée exacte des ravages terribles que peuvent produire les longs délais de payement, il faut avoir suivi de près le mouvement commercial des pays sud-américains pendant ces dernières années, avant la guerre.

Là-bas, comme dans tous les pays qui ont introduit imprudemment le système des longs crédits, il se produisit une agglomération énorme de marchandises, une concurrence acharnée et, pour résultat final, une accalmie générale des affaires.

Ce malaise fut encore accru par de mauvaises récoltes, spécialement dans l'Argentine et l'Uruguay.

La débâcle sur la spéculation des terrains, surtout dans l'Argentine, aggrava encore la crise.

Si tous les négociants avaient travaillé avec leurs capitaux propres, avec des réserves à eux, ils se seraient trouvés dans la possibilité d'affronter la crise en diminuant leurs frais généraux, leurs dépenses personnelles, et, au pis aller, les plus faibles auraient liquidé leurs fonds et se seraient retirés du commerce.

Ils auraient perdu leur avoir et n'auraient presque pas causé de pertes à leurs fournisseurs, de sorte que le mouvement général des affaires n'aurait subi aucun trouble.

Malheureusement, la grande majorité des négociants vivaient sur le crédit et l'arrivée de la tourmente les trouva sans abri, sans défense, sans réserve en face du danger.

Aussi, par la diminution rapide et considérable des affaires, ils se sont trouvés surchargés de marchandises et dans l'impossibilité de faire face à leurs engagements.

Ne pouvant plus rentrer dans leurs fonds, les fournisseurs se sont vus dans la nécessité de restreindre le crédit à leurs clients.

Les banques, de leur côté, voyant s'approcher la tourmente et se trouvant encombrées de documents impayés, suppriment presque totalement le crédit au gros commerce.

Ce fut la débâcle générale et tout cet immense édifice, appuyé sur le crédit, se disloque, s'écroule et se précipite comme un château de cartes.

On peut calculer qu'un bon tiers des négociants est tombé et si l'on sommait ceux qui restent debout de liquider leur situation la catastrophe deviendrait terrifiante.

Mais ce qui va tout à fait nous édifier sur les conséquences du régime des longs crédits, ce sont les arrangements scandaleux conclus entre les négociants qui ont déposé leur bilan et leurs créanciers.

On a accepté le plus souvent du 40, 30 et même du 10 % et presque toujours à terme !...

Et encore était-on bien heureux de l'accepter, car si les débiteurs étaient déclarés en faillite, l'actif se trouvait réduit à rien ou à des pourcentages insignifiants, dérisoires.

Cela a produit un tel scandale que le gouvernement argentin a même envisagé la nécessité de faire voter une loi défendant aux créanciers d'accepter des concordats au-dessous de 50 %, c'est-à-dire que tout négociant qui ne pouvait pas donner au moins un 50 % à ses créanciers était déclaré en faillite.

## Évolution de l'industrie allemande
## sous le régime des longs crédits.

Comme nous l'avons affirmé au commencement de notre étude et prouvé lumineusement dans la suite, les Allemands sont parvenus à s'emparer rapidement du commerce international en accordant de grandes facilités de payement aux négociants.

Leur industrie prenait nécessairement un développement colossal, vertigineux.

Mais l'ascension ne pouvait ni continuer, ni se maintenir à l'état culminant où elle était arrivée après avoir envahi et surchargé tous les marchés qu'elle a trouvé ouverts à son expansion.

Comme nous l'avons constaté, leur système détestable de crédit devait fatalement provoquer, après un certain temps, une concurrence désastreuse, la paralysie générale des affaires et les jeter eux-mêmes dans le marasme.

Malgré tous leurs efforts, tous leurs expédients, le jour devait fatalement arriver qu'ils se trouveraient dans l'impossibilité de placer leur production exubérante sur des marchés encombrés et ruinés.

C'était bien une catastrophe colossale qui s'annonçait à l'horizon.

L'année 1913 et le commencement de 1914 marquent le point culminant dans l'accalmie des affaires dans le monde entier, mais surtout dans les pays latins d'Amérique où les faillites, concordats et pertes de toutes sortes arrivent dans des proportions effrayantes, fantastiques.

L'Allemagne, qui détient à elle seule les 2/3 du commerce inter-

national et qui consent des crédits imprudents, subit nécessairement des pertes colossales.

Son industrie se trouve frappée au cœur, menacée d'une ruine
irréparable et avec elle tout son système économique et politique.

La guerre éclate.

N'est-ce pas une singulière coïncidence ?

# La guerre.

Nous avons la conviction d'avoir démontré, d'une façon claire et évidente, que les conditions économiques de l'Allemagne devaient être excessivement critiques et susceptibles par là de provoquer une atmosphère favorable à la guerre.

Leur détestable système de crédit les avait amenés au désastre et il fallait trouver une issue.

Le gouvernement impérial avait la possibilité d'éviter cette terrible conflagration en adoptant une attitude conciliante.

Il a, au contraire, adopté le tempérament fort, parce qu'il a vu que la guerre était nécessaire.

La guerre les aurait peut-être sortis avantageusement d'une situation économique qui devenait de jour en jour plus désastreuse et irrémédiable.

L'abus des longs crédits avait produit des résultats tellement graves et inattendus que tous les rouages de la nation se trouvaient profondément troublés, congestionnés et menacés d'une paralysie générale.

Les banques, qui imprudemment avaient favorisé et alimenté le système des longs crédits, allaient se trouver bientôt dans l'impossibilité de soutenir des clients qui ne pouvaient plus faire face à leurs engagements et, dans ces conditions, tout le commerce allemand d'exportation était sous la menace d'une ruine colossale.

La restriction du crédit aurait fatalement provoqué l'effondrement total de tout cet édifice monté sur l'artifice

Nous avons déjà assisté dans les pays sud-américains à la débâcle générale de tout le commerce aussitôt qu'on a voulu restreindre le crédit ; le même phénomène se serait fatalement produit à brève échéance dans tous les autres pays d'importation.

C'était bien une catastrophe économique phénoménale qui menaçait tout l'empire allemand.

La question des pertes était peut-être remédiable, mais ce qui ne l'était point c'était la paralysie de l'industrie allemande à la suite de la crise générale des affaires, crise qui devait nécessairement s'aggraver toujours plus car la débâcle complète ne s'était produite, jusqu'à la dernière heure d'avant la guerre, que dans les pays sud-américains : à bref délai elle se serait étendue fatalement à tous les autres pays importateurs placés sous l'influence du commerce allemand.

Or, dans une nation essentiellement industrielle comme l'Allemagne, une paralysie aussi formidable de l'industrie devait nécessairement occasionner des troubles d'une extrême gravité et, ce qui était encore bien plus terrible, c'est qu'il était absolument impossible d'éviter ces troubles.

Une foule énorme d'ouvriers et d'employés allait se trouver sans occupation, les petits industriels complètement ruinés ; enfin la misère générale, la désolation, la catastrophe.

Des émeutes, des troubles graves seraient fatalement éclatés à l'intérieur de l'empire et ils auraient même pu compromettre l'existence de la couronne.

La catastrophe économique allait fatalement, faire perdre à l'Allemagne la suprématie militaire et politique et, devant la menace d'un effondrement aussi complet et irrémédiable, la guerre devenait une cruelle, inéluctable nécessité.

A l'approche de la débâcle économique, l'Allemagne aurait peut-être pu prendre des résolutions énergiques : limiter la production, réduire les frais généraux, les impôts, décréter des travaux d'utilité publique, favoriser l'émigration, etc., etc.

Mais alors il fallait renoncer aux beaux rêves d'hégémonie

14

militaire, politique, industrielle en Europe et dans le monde entier.

Une nation qui, depuis 40 ans, se nourrissait de si grandes illusions, ne pouvait y renoncer du jour au lendemain.

Un système d'expansion économique totalement erroné a pu engendrer une prospérité mensongère, mal fondée, mal assise et celle-ci, à son tour, devait fatalement fausser toute la manière de penser et la façon d'agir du peuple allemand en lui donnant l'illusion d'une supériorité qu'en réalité il n'avait point, car il a démontré un manque évident de prudence, de prévoyance

# Conclusion.

Par notre relation commerciale, nous nous sommes proposé de faire connaître au public, et plus spécialement aux hommes politiques, les origines économiques de cette guerre.

Comme nous avons pu le constater, la question commerciale est des plus compliquées et, pour pouvoir la tirer bien au clair, il est indispensable de posséder une foule de notions qui ne peuvent s'acquérir que par une pratique approfondie du commerce international.

Par l'enchaînement logique des événements, nous avons pu reproduire fidèlement, photographiquement, l'évolution du commerce international sous le régime des longs crédits.

Cette reconstitution nous a permis de constater les conséquences désastreuses et tragiques de l'abus des longs crédits.

Nous avons indiqué dans les études précédentes quel est le remède susceptible d'éviter la répétition d'un semblable cataclysme et nous jugeons inutile une nouvelle dissertation sur ce sujet.

Nous nous permettrons simplement d'insister sur l'inanité des lois restrictives sur le crédit.

Même en admettant que tous les tribunaux du monde se mettent d'accord pour faire appliquer rigoureusement ces lois, même en admettant que ces tribunaux ne garantissent plus aucune vente dépassant les délais fixés, on trouverait encore facilement le moyen d'éluder ces lois.

On pourrait, par exemple, placer les marchandises à condition, en consignation chez les négociants aux risques et périls des fournisseurs.

Celui qui faisait des longs crédits travaillait sur le risque, or risquer d'une façon ou de l'autre, cela lui sera parfaitement égal.

Poussée par la cupidité des richesses, la sagacité humaine trouvera mille moyens pour éluder des lois restrictives sur le crédit.

Pour que ces lois morales soient spontanément acceptées et scrupuleusement observées, il faut modérer la cupidité humaine par la réforme sur l'habillement ; il n'y a pas d'autres moyens et nous l'avons suffisamment démontré.

Si notre réforme est appliquée, tout le commerce retournera spontanément aux sages règles traditionnelles qui avaient donné de si splendides résultats dans le passé et aucun trouble ne pourra plus se produire dans les relations commerciales, sociales et internationales.

Notre réforme, en même temps que la cupidité des individus, modère la cupidité des nations ; celles-ci ne font que refléter, interpréter les penchants, les aspirations de leurs citoyens.

# RÉSUMÉ GÉNÉRAL

## DE

# PROPAGANDE

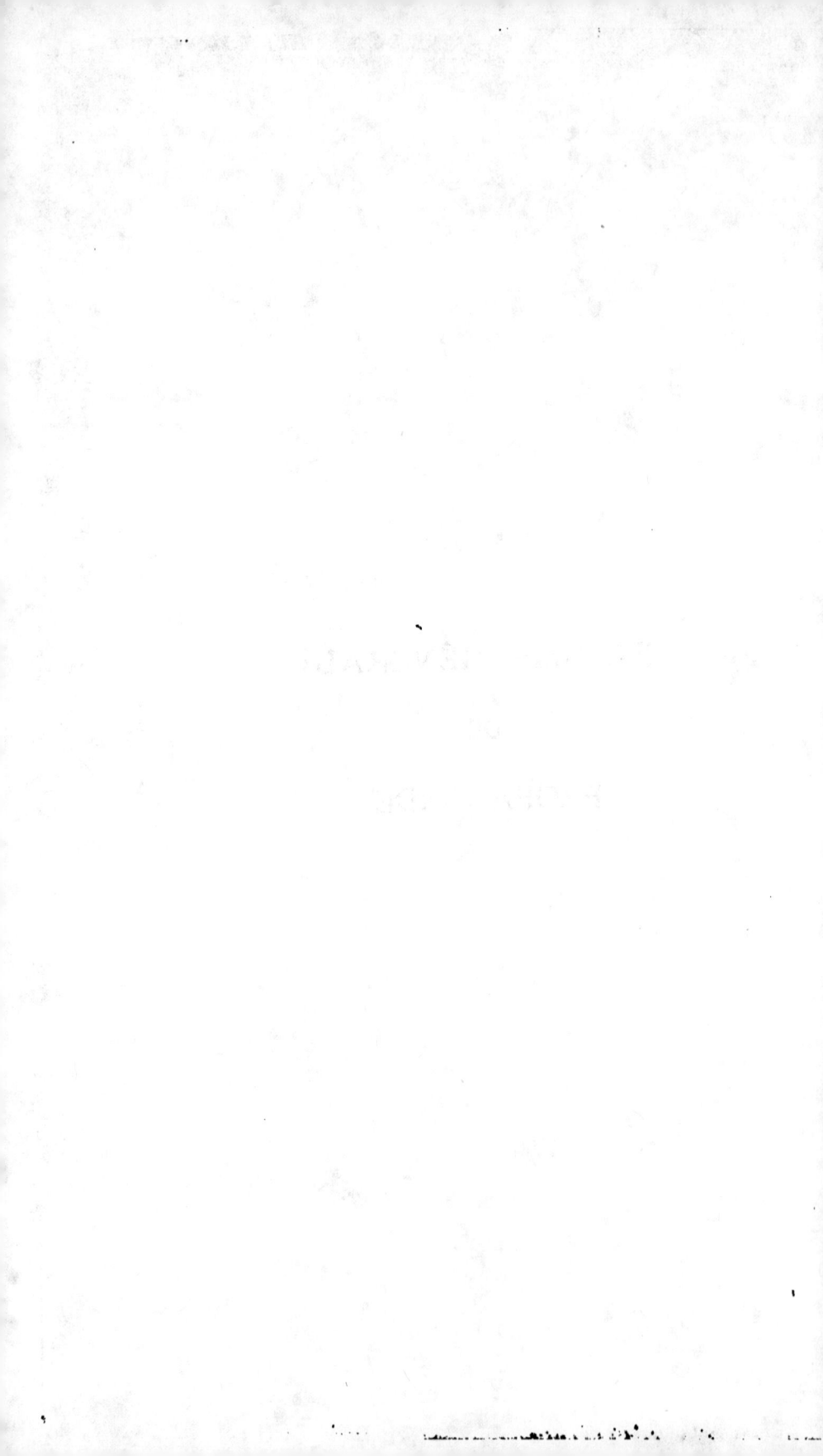

# La grande réforme.

Qu'est-ce que la grande réforme ? La fixation de la mode ou la militarisation de l'habillement civil.

Quel est le but de cette réforme ?

De nous mettre complètement à l'abri du militarisme allemand et de terminer l'actuelle conflagration à la satisfaction de tout le monde sans laisser subsister ni haine, ni rancunes.

Que faut-il pour nous garantir à l'avenir contre le militarism allemand ?

Affaiblir la puissance économique et militaire de l'Allemagne et augmenter la nôtre.

Pouvons-nous atteindre ce résultat ? Oui, notre réforme sur l'habillement nous en donnera les moyens.

Avant la guerre plus de la moitié des exportations allemandes allaient à l'Angleterre et à la France sans compter la Russie et les autres alliés.

Si dans l'avenir nous sommes capables de fabriquer nous-mêmes les produits que nous retirions auparavant de l'Allemagne, nous portons un coup mortel à la puissance économique de notre ennemie ; nous l'empêcherons de s'enrichir à nos dépens, de se griser d'orgueil, de s'armer à outrance et de nous égorger ensuite à titre de compensation. Cela est de toute évidence.

La fixation de la mode nous permettra de réduire un grand nombre d'industries de l'habillement et les bras qui resteront disponibles pourront être déversés en partie dans les autres industries pour remplir les vides causés par la guerre et le restant servira pour créer de nouvelles industries qui nous émancieperont des produits allemands.

En dehors de notre réforme, toutes les mesures d'ordre écono.

mique que l'on voudrait prendre contre l'Allemagne pour l'empêcher de refaire rapidement sa puissance économique et militaire seraient complètement inefficaces, car cette guerre est toute en faveur de notre ennemie et il nous sera facile de le démontrer.

Nous avons dit qu'avant la guerre l'Angleterre et la France recevaient la plus grande partie des exportations allemandes sans compter les autres alliés.

Si à présent nous considérons tous les dégâts causés par l'invasion, il nous sera facile de comprendre qu'après la guerre nous aurons une bien plus grande nécessité des produits allemands, car l'Allemagne est la seule nation industrielle capable de réparer rapidement les blessures par elle-même produites et de satisfaire à tous nos besoins.

Cela est tellement clair et évident qu'on ne saurait le disciter.

Mais ce n'est pas tout.

Après la guerre, toutes les ressources des nations alliées devront s'employer à la réparation des immenses dégâts causés par l'invasion et, dans ces conditions, l'Allemagne restera maîtresse absolue du commerce d'exportation chez les neutres.

Cette guerre et les crises commerciales antérieures auront ruiné, appauvri tout le monde; l'Angleterre et la France, qui s'étaient spécialisées dans la production des articles de luxe, se trouveront très endommagées; tandis que l'Allemagne qui fabriquait l'article courant sera au contraire avantagée.

Sous tous les rapports, cette guerre favorisera l'Allemagne et rien ne pourra l'éviter en dehors de notre réforme.

Les nouvelles industries que la militarisation de l'habillement nous permettra de créer, non seulement nous émanciperont des produits allemands, mais encore elles nous défendront efficacement en cas d'une guerre.

Qu'est-ce qui fait la force de l'Allemagne dans la guerre actuelle ?

Sa supériorité dans les industries de la métallurgie et de la construction.

On exagère généralement l'esprit d'organisation de l'Allemagne ; dans cette guerre elle n'a fait que profiter d'une situation industrielle favorable.

L'Allemagne s'est trouvée avec un réservoir immense de machines, d'ingénieurs, de bons ouvriers mécaniciens, chimistes; techniciens de toutes les catégories qu'elle a pu employer efficacement à la production du matériel de guerre ; et voilà le secret de sa force combative et de sa résistance qui la rendent si redoutable.

Nous en aurions fait autant si nous nous étions trouvés dans les mêmes conditions heureuses ; tandis que nous avons dû créer presque tout.

Or, malgré toute la meilleure bonne volonté du monde, on n'improvise pas du jour au lendemain des machines, des ingénieurs, de bons ouvriers, chimistes, etc., etc.; il faut des années et des années.

Notre réforme sur l'habillement nous permettra de former une puissante industrie de la mécanique et de la construction qui en cas de guerre nous défendra efficacement contre nos ennemis.

Ainsi notre réforme a un double caractère défensif : économique et militaire ; elle nous permet d'affaiblir la puissance économique et militaire de l'Allemagne et d'augmenter sensiblement la nôtre.

Il ne faut pas croire que les industries de la mécanique et de la construction puissent seulement augmenter notre puissance militaire ; elles serviront aussi pour accroître considérablement notre puissance économique.

Les industries de la métallurgie et de la construction nous permettront de mettre en valeur les ressources naturelles du sol national, de nos colonies, et nous augmenterons par là considérablement notre puissance économique, tandis que les industries de luxe ne servent qu'à déprimer la race et ne laissent que des traces douloureuses ; aussi nous ne devons avoir aucun regret d'en limiter le nombre.

Une puissante industrie de la métallurgie et de la construction représente la force et la richesse positive, palpable d'une nation.

**Même si dans les conditions de la paix on imposait le désarmement partiel, la possession d'une puissante industrie de la construction sera toujours indispensable, car la nation qui la posséderait aurait vite fait d'acquérir la suprématie militaire et de triompher en cas de guerre.**

Nous croyons avoir démontré lumineusement que notre réforme est la seule mesure capable de nous défendre efficacement contre le militarisme allemand.

Notre réforme sera la meilleure protectrice de notre indépendance, de nos libertés, de nos fortunes, de nos existences, de notre dignité : c'est le triomphe, la victoire.

Sans cette réforme nous sommes irrémissiblement perdus : c'est l'esclavage en perspective, le déshonneur.

Voilà la triste et cruelle vérité.

Notre réforme mettra rapidement fin aux hostilités.

Qu'est-ce qui soutient le moral des Allemands dans la guerre actuelle et les rend si tenaces, si unis ?

L'espoir de pouvoir refaire rapidement leur puissance économique, militaire, aussitôt la guerre terminée.

Notre réforme brisera soudainement tous leurs espoirs et les plongera dans un découragement profond, formidable.

Devant la perspective d'un avenir sombre et calamiteux, il est plus que probable que l'Allemagne se décide à proposer elle-même le désarmement et alors il y aurait moyen de s'entendre.

Une Allemagne industrielle, laborieuse n'est point un danger ; au contraire, elle constitue un puissant facteur de progrès pour l'humanité ; ce que personne ne peut ni admettre, ni tolérer, c'est une Allemagne armée rêvant le massacre et le pillage du monde entier.

Dans le cas où l'Allemagne ne se déciderait point à proposer le désarmement, notre réforme nous permettra de rassembler toutes nos ressources pour conduire la guerre jusqu'à sa solution logique et de nous préparer efficacement pour l'avenir quelle que soit l'issue de la guerre.

Notre réforme sur l'habillement non seulement nous défendra efficacement contre le péril allemand mais encore elle évitera notre décomposition intérieure.

Qu'est-ce qui produisait la dépopulation ? Les exigences tyranniques de la mode qui surchargeaient tellement le budget de la famille que les enfants et la femme devenaient une charge excessive et que, dans ces conditions, on évitait autant que possible d'avoir des enfants et même de se marier.

Qu'est-ce qui produit la prostitution, la corruption, la vénalité ? Ce sont encore les exigences tyranniques de la mode qui imposent sans cesse à la femme des nécessités d'argent et l'homme profite de cette condition critique de la femme pour la corrompre, pour en abuser.

Quelle est la cause de la dégénérescence de la race ? Encore et toujours les exigences tyranniques de la mode.

L'homme et spécialement la femme ne cherchent à briller que par la variété de leurs vêtements, par l'ostentation du luxe, par l'artifice, et naturellement ils négligent de cultiver leur santé, leur beauté naturelle par les sports, d'où l'affaiblissement progressif de la race.

Notre réforme provoquera une révolution colossale dans nos mœurs ; elle mettra un frein tout-puissant à l'ostentation du superflu, du luxe.

Ne pouvant plus figurer en variant sans cesse la forme de leurs vêtements, l'homme et la femme chercheront à briller par leurs qualités physiques et morales et nous aurons ainsi réalisé un progrès formidable dans l'amélioration de la race humaine.

Délivrée du cancer de la mode, la femme ne sera plus sans cesse obsédée par des besoins d'argent, et dans ces conditions, l'homme n'aura plus la possibilité de la corrompre, de la prostituer et nous voilà délivrés des deux plus terribles plaies qui affligent et déshonorent l'humanité : la corruption et la prostitution.

Par la suppression des exigences tyranniques de la mode, la famille cessera d'être une charge trop lourde et l'homme sera très heureux de se marier et d'avoir beaucoup d'enfants.

Comme nous venons de le voir, notre réforme est une mesure de défense nationale et en même temps une mesure de défense sociale ; elle nous donnera la force, la santé, la beauté, le bonheur ; elle nous rendra invincibles ; aussi elle s'impose à tous les esprits, à tous les partis, à tous les peuples.

Repousser cette réforme, c'est se rendre complices de l'assassinat de nos propres enfants ; c'est vouloir forger nous-mêmes les armes de nos ennemis pour qu'ils puissent demain violer nos femmes, ravir nos fortunes, massacrer nos enfants, piétiner nos libertés.

Repousser cette réforme signifie vouloir encourager la dépopulation, la corruption, la prostitution, la vénalité et tous les vices ; repousser notre réforme, c'est courir droit à l'abîme, c'est désirer notre déchéance physique, morale, sociale, nationale.

Quelqu'un objectera que la militarisation de l'habillement civil entrave la liberté personnelle.

Nous répondrons simplement que toute liberté qui produit le malheur de la collectivité, l'extermination, la déchéance de

l'humanité constitue un crime abominable et ne peut absolument
pas être tolérée.

Est-ce que sous prétexte de liberté il est permis de voler, de
tuer son prochain ? Non, assurément.

Eh bien ! permettre à un individu de varier constamment la
forme de ses vêtements, c'est la même chose que de lui octroyer
la liberté de massacrer, dégrader son prochain, d'être un traître
à la Patrie, un misérable. Or, je suis plus que persuadé que personne ne voudra profiter d'une pareille liberté une fois qu'elle
saura combien cette liberté nous est funeste.

La militarisation de l'habillement ne prétend point supprimer
le luxe ; elle veut simplement lui mettre un frein.

Le riche s'habillera toujours luxueusement et le pauvre modestement, mais la forme des vêtements sera fixée par l'État et on
procédera tout comme pour les militaires.

La fixation de la mode nous permettra de perfectionner constamment les modèles de vêtements adoptés et après peu d'années
tout le monde sera bien habillé ; tandis qu'avant ceux qui
avaient les moyens de s'habiller chez les grands tailleurs étaient
à peu près élégants et la grande majorité était au contraire très
mal fagotée.

Il est indiscutable que, pour rendre un vêtement toujours plus
pratique et plus élégant, il faut suivre et perfectionner la même
forme de vêtement et non changer continuellement de modèle.

Cette grande réforme rendra les régimes démocratiques cohérents à leurs principes d'égalité, de fraternité, de liberté.

La fixation de la mode empêchera les riches de dépasser une
certaine limite que toutes les personnes laborieuses, économes,
pourront facilement atteindre et, dans ces conditions, les indivi -
dus des différentes classes sociales seront reçus partout avec
la même considération, la même déférence, et nous aurons
ainsi réalisé le principe d'égalité.

Pour la même raison, tous les individus des différentes classes sociales pourront se fréquenter sans honte réciproque ; ils auront ainsi la possibilité de se connaître, de se comprendre, de s'aimer et nous aurons réalisé le principe de fraternité.

Notre réforme nous délivrera de l'obligation de travailler sans répit, de nous épuiser, de nous abrutir pour satisfaire les exigences tyranniques de la mode et nous aurons ainsi réalisé le principe de liberté.

Notre réforme est le complément indispensable de la Grande Révolution ; elle marque la fin de l'esclavage.

Cette réforme géniale nous permettra de terminer la guerre à la satisfaction de tout le monde sans laisser subsister ni haine, ni rancune, parce que tous les belligérants indistinctement pourront considérer ce splendide résultat comme étant la conséquence de la guerre même.

La terrible conflagration actuelle aura été une calamité inévitable que la destinée nous réservait dans le but de former une humanité plus libre, plus fraternelle, plus heureuse.

L'initiative de cette grande réforme doit être prise par la France et par l'Angleterre non seulement parce qu'elles sont les plus exposées aux convoitises et aux attaques perfides de l'impérialisme allemand à cause de leur richesse et de leurs vastes et fertiles colonies, mais encore parce que la mode est une création de l'Angleterre et plus spécialement de la France.

Aucune nation au monde n'aura l'autorité morale nécessaire pour créer elle-même la mode et l'imposer aux autres nations, et celles-ci seront par conséquent toutes obligées d'accepter la réforme sur l'habillement.

Nous ne pouvons pas terminer notre exposé sans dire quelques mots sur les origines de la guerre.

Si, par la réduction du superflu, du luxe, nous pouvons dans l'avenir éviter la guerre, cela signifie que le débordement du superflu, du luxe a été l'origine de la terrible conflagration actuelle.

Effectivement, la guerre a été provoquée par des débordements dans la consommation et dans la production et il nous sera facile de le prouver même par une explication très sommaire.

L'Allemagne s'est servie des longs délais de payement pour s'emparer du commerce international d'exportation et s'enrichir ; mais ce système néfaste de crédit a forcé à un tel point la consommation et la production qu'après un certain nombre d'années elle s'est trouvée dans l'impossibilité de placer sa production exubérante sur des marchés complètement encombrés.

Ce débordement dans la consommation et dans la production nous donne l'explication des crises commerciales terribles qui ont sévi sur les marchés d'exportation les dernières années qui ont précédé la guerre.

L'Allemagne, qui détenait à elle seule les 2/3 du commerce international d'exportation, devait nécessairement se trouver terriblement affectée par ces crises qui prenaient sans cesse toujours plus d'ampleur.

C'était une catastrophe phénoménale qui s'annonçait à l'horizon : la paralysie de ses industries, le chômage des ouvriers, la ruine de son commerce, la misère générale.

Des troubles excessivement graves se seraient inévitablement produits à l'intérieur de l'Empire qui auraient même pu compromettre l'existence de la couronne.

Devant la perspective d'un désastre aussi colossal et absolument inévitable, la guerre devenait une cruelle, terrible nécessité.

Et voilà pourquoi en Allemagne tout le monde a été si unanime pour déclarer la guerre, et voilà pourquoi il persiste si uni et si tenace dans la résistance.

Tous les Allemands avaient la conscience exacte que la guerre était indispensable pour leur éviter une catastrophe épouvantable, et actuellement ils poursuivent la lutte avec opiniâtreté dans l'espoir de pouvoir reconquérir la suprématie économique et recommencer plus tard leurs exploits.

C'est donc l'abus de crédit qui a provoqué le débordement dans la consommation et dans la production; mais l'abus de crédit n'aurait jamais pu se produire sans la complicité de tous les peuples et de toutes les classes sociales qui ont sollicité et abusé du crédit pour satisfaire leur avidité insatiable de superflu, de luxe.

Tous les peuples de la terre et toutes les classes sociales sont donc responsables de la terrible conflagration actuelle, spécialement l'Europe et les deux Amériques ; donc ils ont tous le devoir sacré d'appliquer d'un commun accord cette réforme pour éviter dans l'avenir la répétition d'un si horrible cataclysme.

C'est indiscutablement la femme qui a provoqué le débordement du superflu, du luxe par sa manie enfantine de vouloir, sans aucune nécessité, varier continuellement ses toilettes; aussi elle a été l'origine inconsciente de cette terrible conflagration.

Si les femmes désirent éviter dans l'avenir le massacre de leurs époux, de leurs enfants, elles doivent réclamer avec la dernière insistance l'application immédiate de cette grande réforme.

Personne au monde ne pouvait supposer que le débordement du superflu, du luxe, aurait produit une semblable catastrophe aussi nous sommes tous excusables ; mais vouloir persister dans les mêmes errements ce serait alors tout à fait criminel.

La femme devra suivre l'exemple de l'homme et se contenter à l'avenir de trois ou quatre modèles de vêtements dont la forme sera fixée par l'État.

A aucun moment de leur vie, les femmes de toutes les catégories sociales ne devront oublier que leur avidité insatiable de superflu, de luxe, a provoqué le massacre de leurs enfants, de leurs pères, de leurs époux, de leurs frères, de leurs amis.

Elles ont forgé inconsciemment les armes qui, actuellement, frappent mortellement leurs chéris, leurs soutiens.

Tous les chapeaux, tous les vêtements qu'elles ont changés sans aucune nécessité, pour le simple plaisir de faire de l'ostentation, du superflu, du gâchis, représentent cette avalanche d'armes et de munitions qui massacrent actuellement nos hommes les plus valides, les plus vigoureux.

## Copie de la lettre adressée
## à Monsieur Aristide BRIAND, Président du Conseil,
## Paris.

*Cher Monsieur,*

*Je me permets de vous remettre une copie dactylographiée de l'œuvre que je vous avais annoncée par ma lettre du 11 juin dernier et qui paraîtra dans quelques jours.*

*A l'heure actuelle, la seule mesure efficace qui puisse sauver la France, ses Alliés et l'humanité entière est la réforme sur l'habillement.*

*C'est l'abus de crédit qui a produit le débordement dans la production et dans la consommation et cet abus n'aurait pas pu se produire sans la complicité de tous les peuples et de toutes les catégories sociales qui ont sollicité, profité et abusé du crédit pour satisfaire leurs besoins effrénés de superflu, de luxe ; besoins* **imposés** *par les exigences tyranniques de la mode.*

*La France, qui est la créatrice de la mode, et l'Allemagne, qui a fomenté, alimenté l'abus de crédit, sont par conséquent toutes les deux responsables du débordement dans la consommation et dans la production qui est l'origine exacte de la guerre actuelle.*

*L'Allemagne s'est trouvée menacée dans son existence par ce débordement et elle a préféré la guerre à la mort politique, au déshonneur, à une ruine colossale absolument irrémédiable.*

*Dans mon livre, je démontre que la variabilité de la mode a été dans le passé une institution de la plus haute valeur sociale, puisqu'elle a ramené tous les peuples de la civilisation chrétienne sous la même règle de conduite en leur imposant l'uniformité de vêtement qui porte en elle-même une certaine homogénéité de goûts, de tendances, d'aspirations, d'intérêts.*

*La variabilité de la mode a donc été une institution nécessaire à l'évolution de l'humanité et l'abus de crédit pareillement parce qu'il a alimenté, favorisé les aspirations égalitaires sanctionnées par les principes proclamés par la Grande Révolution : les humbles pouvant rivaliser avec les riches même sans en avoir les moyens.*

*Il n'y a donc pas de responsables au point de vue moral, philosophique, et la guerre actuelle doit être considérée comme une calamité fatale, inéluctable, nécessaire pour ramener tous les peuples sous la même règle de conduite et pour pouvoir former une humanité plus fraternelle, plus heureuse.*

*La variabilité de la mode a été la cause première de la terrible conflagration actuelle car elle a excité la cupidité des richesses, le goût du luxe, du superflu, ce qui a donné naissance à l'abus de crédit, et celui-ci à son tour a provoqué le débordement dans la consommation et dans la production.*

*La fixation de l'habillement mettra un terme à la cupidité de tout le monde et la fin des hostilités se rapprochera rapidement ; cela est mathématique.*

*Cette grande réforme réalisera les aspirations d'égalité, de fraternité, de liberté des peuples et la paix sera assurée pour toujours.*

*Tous les régimes se trouveront par ce fait démocratisés et les peuples pourront ainsi mieux se comprendre, s'estimer et collaborer amicalement au progrès, à l'évolution paisible, harmonieuse de l'humanité.*

*Si le gouvernement français peut se charger de faire traduire cette œuvre en plusieurs langues et la divulguer, je lui cède tous mes droits d'auteur et, dans le cas contraire, je chercherai un éditeur.*

*Je désire seulement que les bénéfices réalisés par la vente de mon livre soient versés aux blessés, veuves et orphelins de la guerre ; et plus tard ces bénéfices serviront pour former un fonds d'assistance publique internationale.*

Cette œuvre appartient à la France, car Sona s'était spontanément mis à son service et, tel qu'un officier d'Etat-Major, il a préparé ses plans pour la défense nationale et mondiale en même temps.

J'ai la conscience d'avoir accompli scrupuleusement ma tâche et mon devoir en qualité d'homme altruiste, conscient, sagace, clairvoyant.

J'étais venu en Europe pour offrir mon sang à cette chère et noble France que j'aime autant que ma patrie et même davantage ; mais je lui donne bien plus : je lui donne mon âme ; **qu'elle sache en profiter.**

Votre nom, monsieur le Président du Conseil, et celui de tous vos collaborateurs français et alliés seront éternellement liés à la plus grande réforme qui se soit jamais accomplie ; réforme qui aura une influence décisive et permanente sur les destinées de toute l'humanité.

Aussitôt que vous aurez pris connaissance de cette œuvre, je vous prie de la remettre à Monsieur **Raymond Poincaré,** Président de la République.

Agréez, cher Monsieur, l'assurance de mon estime, affection et admiration.

Votre dévoué serviteur,
Ernest SONA.

Paris, le 12 décembre 1916.

# TABLE DES MATIÈRES

Pages

1re *Partie*. — LA GRANDE RÉFORME.

| | |
|---|---|
| Préface | 3 |
| Introduction | 5 |
| Les origines économiques de la guerre | 9 |
| La Réforme | 15 |
| La Réforme au point de vue militaire | 18 |
| La Réforme au point de vue économique | 20 |
| La Réforme au point de vue de la défense intérieure | 26 |
| La Réforme au point de vue moral et social | 30 |
| La morale | 35 |
| Les régimes démocratiques | 38 |
| Égalité-Fraternité-Liberté | 43 |
| Réformes complémentaires à la Réforme sur l'habillement | 48 |
| L'alcoolisme | 55 |
| De la dépopulation | 58 |
| L'habillement | 61 |
| Prostitution et Corruption | 66 |
| La femme | 69 |
| La bourgeoisie | 73 |
| La paix des Nations | 75 |
| Socialisme et Communisme | 80 |
| Le travail obligatoire | 82 |
| Les intellectuels | 84 |
| Le Théâtre et ses artistes | 86 |
| La religion | 101 |
| Conclusion | 104 |

2e *Partie*. — ÉVOLUTION DES MŒURS A TRAVERS LES AGES.

| | |
|---|---|
| Introduction | 111 |
| L'Allemagne et l'Italie | 113 |
| De la suprématie des Nations | 118 |
| Les sources du bonheur | 119 |
| L'Espagne | 128 |

Pages

L'Angleterre ............................................ 143
L'Allemagne ........................................... 147
La France ............................................. 150
La Russie. ............................................ 153
Les autres nations d'Europe............................ 155
Les Amériques......................................... 156
La civilisation musulmane............................. 158
La civilisation chinoise. Militarisme. Le Japon.............. 163
Conclusion ............................................ 171

3e *Partie*. — PSYCHOLOGIE DU COMMERCE PAR RAPPORT A LA GUERRE.

Le Crédit, le Commerce et la Guerre...................... 175

4e *Partie*. — LA VÉRITÉ SUR LA GUERRE.

Introduction............................................ 191
Évolution du commerce d'exportation.................... 194
Conséquence des longs crédits par rapport à la solvabilité des
clients ............................................... 197
Conséquence des longs crédits par rapport à la concurrence.... 201
Évolution de l'industrie allemande sous le régime des longs
crédits ............................................... 206
La Guerre............................................. 208
Conclusion ............................................ 211

5e *Partie*. — Résumé général de propagande.................. 213

LETTRE ADRESSÉE A M. ARISTIDE BRIAND, PRÉSIDENT DU CONSEIL. 226

Paris. — Imp. E. Desfossés, 13, quai Voltaire. — 68068.

Monsieur,

Je me permets de vous envoyer mon nouvel ouvrage : « La Grande Réforme » sur laquelle j'appelle toute votre bienveillante attention.

Je vous envoie en même temps un petit opuscule de propagande s'intitulant : Préface à la Grande Réforme, que vous pourrez céder à un de vos amis.

Cet opuscule est un résumé général de l'œuvre et il se trouve reproduit à la fin du volume.

La Réforme sur l'habillement est absolument indispensable pour la sécurité, pour la prospérité de la France et de toutes les autres nations.

La réduction d'un certain nombre d'industries de l'habillement nous permettra de créer des nouvelles industries qui nous défendront efficacement contre nos ennemis présents et futurs ; cette sage mesure évitera aussi notre décomposition intérieure.

C'est indiscutablement très pénible d'être obligés de supprimer l'industrie de la création de la mode qui constituait pour la France une source inépuisable d'honneurs et de richesses ; mais la vie de nos enfants, nos libertés, notre indépendance valent bien plus que l'existence d'une industrie si importante qu'elle puisse être.

D'ailleurs si cette industrie a été dans le passé un facteur indispensable au progrès de la civilisation ; elle est devenue pour le présent et pour le futur un élément de désordre, de conflits, de dissolution, d'extermination ; elle doit par conséquent disparaître.

La thèse que nous avons développée est claire, nette, absolument irréfutable, aussi elle s'impose à la considération de nos hommes politiques, de nos intellectuels et de tous ceux qui s'intéressent sincèrement à l'avenir de nos enfants, de la patrie, de la civilisation. Aux grands maux les grands remèdes.

Ou décréter la Réforme ou bien la France, l'Angleterre et toutes les autres nations doivent se préparer à disparaître et à subir l'hégémonie politique de l'Allemagne.

Et quand celle-ci dominera l'Europe, elle sera fatalement obligée d'imposer d'autorité cette réforme pour éviter la ruine de l'industrie, du commerce, la perversion des mœurs, la dissolution de toute la société.

Notre réforme sera la plus terrible punition que nous puissions infliger à l'impérialisme allemand qui prétend s'imposer par la brutalité et par le pillage ; nous arrachons les dents à la fauve et nous la rendons complètement inoffensive.

Notre grande réforme obligera tous les gouvernements à décréter constamment des œuvres d'utilité publique pour employer les bras restés désoccupés par l'élimination d'un certain nombre d'industries de l'habillement.

Les nations pourront ainsi améliorer continuellement les conditions d'existence des classes laborieuses et nous supprimons par là le mécontentement, les protestations, les rancunes, les révoltes.

Tous les régimes politiques se trouveront par ce fait démocratisés et nous aurons éliminé tout motif de conflit à l'intérieur et à l'extérieur des nations ; dans ces conditions la paix et le bonheur règneront éternellement sur terre.

Notre réforme nous permettra de donner à l'industrie et au commerce un mouvement bien plus intensif qu'avant la guerre mais sous un jour plus utile et plus moral.

Dans notre livre nous proposons encore un certain nombre de réformes complémentaires destinées à imposer en public le contact aux individus des différentes classes sociales et cela dans le but de cimenter l'union sacrée de tous les partis, de tous les individus.

Les intellectuels de toutes les catégories, les capitalistes et tous ceux qui s'occupent du bien-être public se trouveront constamment en contact du peuple qui aura ainsi la possibilité de les connaître intimement, de les apprécier;

il pourra à tout moment les fêter, les acclamer ; à leur
apparition chacun s'écriera : Place et honneur à nos dignes
représentants, à nos supérieurs, à nos précepteurs, à nos
guides, à nos bienfaiteurs.

A ce moment-là seulement les intellectuels, les capitalistes pourront connaître la popularité et jouir du suprême
bonheur de se voir aimés, acclamés par les humbles.

Cette réforme géniale sera le baume qui soulagera
toutes les blessures, toutes les souffrances. Les blessés,
les mutilés, les veuves, les orphelins victimes de la guerre
oublieront volontiers tous leurs malheurs et ils seront fiers,
heureux d'avoir contribué par leur abnégation, par leurs
sacrifices à la formation d'une humanité plus fraternelle,
plus heureuse.

Cette réforme sera encore une juste récompense à l'héroïque et sublime attitude de nos poilus et de ceux de
l'arrière.

Délivrées des impositions tyranniques de la mode, les
populations de la Belgique, de la Serbie, de la Pologne, de la
Roumanie et de toutes les régions envahies pourront conserver
leur ancien rang dans la société malgré les pertes énormes
éprouvées ; tout étant plus pauvres, elles se trouveront plus
riches qu'avant et au lieu de maudire elles finiront par
bénir leur sort.

La raison, la logique, le sentiment militent en faveur
de ma thèse, aussi je suis convaincu que vous, Monsieur,
deviendrez un de mes plus ardents partisans, et je suis sûr
que vous emploierez toute votre influence pour faire triompher la plus noble, la plus sublime, la plus utile des
réformes.

Au nom de l'humanité, recevez, cher Monsieur, mes remer-
ciements anticipés et agréez mes salutations cordiales.

Votre dévoué serviteur,

Ernest SONA,
7, rue Mayran.

Paris, janvier 1917.

Monsieur,

A l'heure actuelle tout le monde comprend que la force, le salut, la sécurité de la nation résident presque exclusivement dans une puissante industrie de la métallurgie et de la construction.

Beaucoup de journaux parlent instamment de la nécessité impérieuse de créer ces industries; mais parler de création sans avoir et sans en chercher les moyens, c'est prêcher dans le désert; nous manquons aussi de bras pour les besoins de l'agriculture.

Or, il est absolument impossible de disposer de la main-d'œuvre indispensable à la défense nationale, sans limiter l'essor des industries les moins utiles : par exemple celles qui produisent le superflu.

Il est donc d'un suprême intérêt d'opérer une grande transformation dans nos industries.

Il est vrai que cette transformation a été en grande partie déjà accomplie par la guerre même; mais à présent il s'agit de l'étendre, de l'achever et surtout de la fixer pour qu'elle devienne une règle de conduite définitive, invariable dans l'avenir.

Les nouvelles industries de la métallurgie et de la construction seront encore plus indispensables après la guerre que dans l'actualité, car il faudra réparer les dégâts causés par l'invasion, il faudra renouveler et amplifier nos moyens de transports sur mer et sur terre; ces industries seront encore indispensables pour mettre en valeur les ressources naturelles du sol national et de nos colonies; pour embellir et réformer nos villes et nos villages entièrement démodés et qui n'offrent aucune commodité pour les gens modestes.

Mais comment opérer une transformation aussi complète, aussi radicale? Il est évident qu'aucune industrie ne voudra se sacrifier spontanément, même qu'il s'agisse du salut public; il faudra donc imposer ce sacrifice d'autorité.

Une autre difficulté se présente : sur quelle catégorie d'industries de luxe devons-nous exercer la restriction et quel sera le degré de cette restriction?

Notre réforme sur l'habillement tranche toutes les difficultés; elle désigne nettement les industries qu'il faudra sacrifier et personne ne pourra soulever d'objections, car notre réforme s'appuie non seulement sur des raisons de défense nationale, mais encore sur des nécessités de défense sociale et de salubrité publique.

Tant que nous laisserons subsister la variabilité de la mode, nos régimes soi-disant démocratiques seront un leurre, un contresens, une anomalie, car ils produisent des relations sociales diamétralement opposées aux principes politiques qu'ils professent.

Au lieu de la liberté, de l'égalité, de la fraternité, ils engendrent la contrainte générale, les rivalités, les jalousies, les haines, la discorde et nous l'avons démontré lumineusement dans notre livre; ces régimes sont en même temps un grave obstacle à la fraternité des peuples, parce qu'ils excitent la cupidité, la rapacité de tout le monde, ils provoquent des troubles économiques et rendent les guerres inévitables.

La variabilité de la mode est la source première de tous les militarismes. Par quoi est-il alimenté, le militarisme? Par la soif effrénée de conquêtes, de domination, de richesses qui se manifeste aussi bien chez les individus que chez les nations; celles-ci n'étant d'ailleurs que le reflet des penchants, des appétits de leurs sujets.

Cette soif insensée de richesses et de domination est alimentée à son tour par la variabilité de la mode qui nous impose des besoins de luxe et des dépenses énormes et naturellement l'homme devient égoïste, rapace, cruel, et voilà l'origine de tous les militarismes.

La fixation de la mode mettra un frein tout puissant à la cupidité de ceux d'en haut qui ne pourront plus exciter par l'ostentation effrénée de leurs richesses la cupidité de ceux d'en bas : nous aurons ainsi modéré la cupidité, la convoitise, la rapacité de tout le monde et le militarisme disparaîtra comme par enchantement : cela est mathématique.

Notre transformation économique permettra à la femme de percevoir des salaires équitables, suffisants, comme ceux qu'elle reçoit actuellement dans les fabriques de munitions.

Ces salaires équitables l'émanciperont économiquement et moralement; tandis que dans beaucoup d'industries de la mode : fleurs, plumes, etc., la femme recevait le plus souvent des salaires dérisoires qui l'exposaient à des privations, à des souffrances, à des dégradations.

Nous avons démontré clairement que l'origine morale de la guerre actuelle a été le débordement du luxe imposé, fomenté par la variabilité de la mode, aussi si nous désirons éviter dans l'avenir le massacre de nos enfants, le ravage de nos régions, nous devons absolument fixer l'habillement.

Si nous laissons subsister les causes de nos malheurs, ceux-ci se reproduiront périodiquement; cela est inévitable; aussi je conseille à tous ceux qui s'intéressent sincèrement à l'avenir de nos enfants, de nos fortunes, de nos libertés de lire attentivement mon livre et de réclamer impérieusement l'application immédiate de la plus noble, de la plus utile, de la plus opportune des réformes: la militarisation, la nationalisation de l'habillement.

Agréez, cher Monsieur ou Madame, mes salutations cordiales,

Ernest SONA,
7, rue Mayran.

Paris, avril 1917.